HISTOIRE

DE LA MAISON DE

MONTESQUIOU-FEZENSAC.

HISTOIRE

DE LA MAISON DE

MONTESQUIOU-FEZENSAC,

PAR

M. LE DUC DE FEZENSAC,

Memento operum patrum quæ fecerunt
in generationibus suis.
(MACHABÉES.)

(DEPUIS L'ORIGINE DE LA MAISON JUSQU'EN 1789.)

Paris,

IMPRIMERIE DE GUIRAUDET ET JOUAUST,

RUE SAINT-HONORÉ, 315.

1847

PRÉFACE.

Je me propose d'écrire l'histoire de ma famille, et particulièrement celle de mes parents, pendant mon éducation, jusqu'à mon entrée au service. Ce volume ne contient que des faits de la plus grande authenticité, et qui sont consignés dans notre généalogie imprimée, dans l'histoire des grands officiers de la couronne, et dans le dépôt des manuscrits de la bibliothèque du roi. J'ai cru utile de les réunir, et d'en faire une histoire suivie. Les générations disparaissent, et sont ignorées de celles qui leur succèdent : j'ai voulu sauver ma famille de cet oubli, et j'ai composé ce récit pour servir de lien entre le passé et l'avenir, entre mes pères et mes descendants. Je ne donne point au public une histoire qui lui offrirait peu d'intérêt, et je ne l'ai écrite que pour ma famille et mes amis. Je recommande à mes enfants de la conserver, de la relire quelquefois, et de la transmettre à leurs descendants : je ne doute pas qu'ils ne soient touchés de l'hommage filial rendu par leur père à la mémoire de leurs ancêtres.

HISTOIRE

DE LA MAISON DE

MONTESQUIOU - FEZENSAC.

Introduction.

En écrivant l'histoire de ma famille, il est naturel de commencer par ma généalogie. On a beaucoup parlé de la prétention de la Maison de Montesquiou de descendre de la première race de nos rois. Cette prétention a paru ridicule, et a été la matière de quolibets et de réflexions malignes. La réponse est facile : ce n'est pas nous qui avons imaginé cette illustre origine. La Maison de Montesquiou a été fondée vers le milieu du 11ᵉ siècle par un cadet des comtes de Fezensaz : la preuve en a été faite sous Louis XIII par Adrien de Montluc, renouvelée sous Louis XIV par le maréchal de Montesquiou, et n'a pas été contestée. Or les comtes de Fezensac descendent des ducs de Gascogne, c'est un fait historique : donc nous descendons de ces mêmes ducs, et nous n'avons jamais pensé à remonter au delà. Mais dans le cours du dernier siècle on a trouvé des monuments qui ont donné lieu de supposer que les ducs de Gascogne descendaient eux-mêmes des rois Mérovingiens. Les savants ont discuté cette question dans l'intérêt de l'histoire, et nous ne nous en sommes pas mêlés. C'est en effet une question purement historique, et non un article de généalogie. Je dirai tout à l'heure les raisons qui donnent lieu de le croire, et celles qui permettent d'en douter. J'ajoute seulement ici que l'affirmative est adoptée par tous les historiens : il doit donc m'être permis de me joindre à eux, et de faire remonter jusqu'à Clovis l'histoire de mes ancêtres.

Je la divise en sept chapitres :

1° Les rois de la première race depuis Clovis (480) jusqu'à Caribert, frère de Dagobert (628), et les ducs d'Aquitaine, descendants de Caribert (816);

2° Les ducs de Gascogne, issus des ducs d'Aquitaine, de 890 à 921;

3° Les comtes de Fezensac, issus des ducs de Gascogne, de 920 à 1160;

4° Les barons de Montesquiou, issus des comtes de Fezensac, de 1160 jusqu'à leur extinction, en 1643;

5° Les autres branches éteintes ;

6° et 7° Les branches d'Artagnan et de Marsan, qui subsistent encore.

ROIS DE FRANCE ET DUCS D'AQUITAINE
MÉROVINGIENS.

Chapitre Ier.

ROIS DE FRANCE ET DUCS D'AQUITAINE MÉROVINGIENS.

Je n'ai point à parler de nos premiers rois, que j'ose appeler mes aïeux : leur histoire est celle de la France. On sait que Clovis partagea son royaume entre ses quatre enfants; que Clotaire, resté seul, fit de même pour les siens ; que son fils Chilpéric, mari de la trop célèbre Frédégonde, hérita à son tour de ses trois frères, et laissa le royaume à son fils Clotaire II. A la mort de ce dernier, en 630, Dagobert, son fils aîné, fut roi de France, et Caribert, le cadet, roi de Toulouse et d'Aquitaine. Après lui, son fils, Boggis, reçut de nouveau l'Aquitaine des mains du roi Dagobert, son oncle, non plus à titre de royaume, mais à titre de duché héréditaire, et sous la condition de foi et hommage : c'est le premier exemple d'un apanage donné aux princes de la famille royale. Ses descendants lui succédèrent pendant environ cent cinquante ans. Durant cette période, l'autorité des rois s'affaiblit de plus en plus. Une race nouvelle, sous le nom de Maires du Palais, s'empara du pouvoir. Les exploits de Pepin d'Héristal et de Charles Martel préparèrent à leurs descendants l'avénement au trône. Les ducs d'Aquitaine ne vitaine ne virent point sans douleur la décadence de leur Maison, et, pendant que la branche aînée s'avilissait sur le trône sous le nom de rois fainéants, la branche cadette, en Aquitaine, soutenait l'héritage de Clovis par ses combats glorieux contre les Sarrasins. Une inimitié profonde, irréconciliable, s'établit entre eux et les Maires du Palais. Ces deux Maisons rivales furent quelquefois forcées de s'unir contre les infidèles qui ravageaient la France. On vit Eudes le Grand et le grand Charles Martel combattre ensemble dans ces terribles journées *où Dieu seul,* disent les historiens, *sait le nombre d'hommes qui périrent.* Mais, lorsque les Maires du Palais se furent emparés du trône, les duc d'Aquitaine refusèrent de reconnaître l'usurpateur de la couronne de leurs ancêtres. Pepin le Bref confisqua l'Aquitaine, et pourtant ses successeurs en accordèrent une partie aux anciens ducs, sous le nom de duché de Gascogne. Etait-ce générosité, respect pour le sang de Clovis, ou désir de ménager les Gascons, attachés à cette race antique ? Les princes mérovingiens se montrèrent peu reconnaissants. Leur histoire n'est que le récit d'une longue révolte, toujours renouvelée quoique toujours punie.

Waifre, poursuivi par Pepin le Bref, fut défait et assassiné par ses domestiques, vendus au nouveau roi. Loup, son fils, que Charles le Chauve appelle *Lupus re et nomine*, vengea la mort de son père, défit Charlemagne à la journée de Roncevaux, si célèbre chez les romanciers, et fut lui-même pris et pendu. Adalaric et ses deux fils, Scimin et Centule, périrent dans les combats, derniers revers qui terminèrent cette terrible lutte. Heureusement leur postérité ne fut point éteinte : Garsimir, fils de Scimin, se retira en Espagne, et vraisemblablement en Navarre, où ses enfants furent inaugurés, et renoncèrent à leurs droits sur la Gascogne.

Loup, fils de Centule, resta en France, et Charles le Chauve, par un dernier acte de générosité, accorda la Bigorre et le Béarn à ses deux fils. Ils lui restèrent fidèles, et surent se contenter, après tant de malheurs, de posséder encore une espèce de souveraineté. La Gascogne fut gouvernée par des ducs amovibles, choisis par le roi de France.

Tous ces détails sont tirés de la charte d'Alaon, monument dont l'authenticité est incontestable. Il est donc certain que les ducs d'Aquitaine étaient Mérovingiens, et qu'ils se retirèrent en Navarre sous le règne de Charles le Chauve.

DUCS DE GASCOGNE.

Chapitre 2.

DUCS DE GASCOGNE.

Mais est-il également prouvé que leurs descendants revinrent gouverner la Gascogne sous le titre de ducs? Ici les preuves sont moins positives. A cette époque tout le midi de la France était en proie aux ravages des Normands, l'autorité des princes carlovingiens méconnue, la Gascogne livrée à l'anarchie, que les ducs amovibles qui la gouvernaient ne pouvaient réprimer. Les Gascons, ne pouvant supporter cette triste situation, envoyèrent une députation en Espagne en 890, et ramenèrent, pour les gouverner, le jeune Sanche, surnommé Mittara. Quel était ce personnage, et comment un étranger inspirat-il cette confiance dans des circonstances aussi difficiles? D'anciens cartulaires de l'église d'Auch disent qu'il était fils du comte de Castille : c'est évidemment une erreur. Les comtes de Castille étaient peu de chose à cette époque, et le nom de Sanche est inconnu parmi eux. Ce n'est point en Castille que les Gascons allèrent chercher un suverain, mais en Navarre; et ce souverain était de la race des anciens ducs d'Aquitaine, issus de Clovis : c'était le fils cadet de Garsimir, chef de la branche aînée, qui, comme je l'ai dit plus haut, avait été inaugurée en Espagne. Quelques auteurs croient qu'il était de la branche cadette, et petit-fils de Loup Centule ; mais on ne connaît à ce dernier que deux fils, qui eurent la souveraineté de la Bigorre et du Béarn. La première opinion est plus probable ; il est du moins généralement reconnu que Sanche Mittara était un descendant des ducs d'Aquitaine, un prince mérovingien. C'est aux fils de leurs anciens maîtres que les Gascons devaient avoir recours ; ils avaient long-temps combattu pour eux contre de puissants adversaires, ils ne pouvaient les oublier lorsque les Carlovingiens, leurs ennemis, éprouvèrent à leur tour les revers de la fortune. Tous les monuments français et espagnols prouvent l'établissement de cette Maison royale en Navarre, et son rappel en Gascogne. Les princes de Navarre de cette époque se servaient du même sceau que les Mérovingiens, et portaient les mêmes noms de Sanche et de Garsimir, qui n'est autre que Garsias Ximenès. La princesse

Xiména, qui épousa Alphonse II, roi d'Oviédo, est désignée comme étant d'une race royale française établie en Navarre. Les rois de ce pays conservèrent long-temps une sorte de prééminence sur la Gascogne, et y élevèrent même quelques prétentions à la souveraineté. Enfin, près de cent ans plus tard, l'abbé de Saint-Vincent-de-Luc, dans une charte authentique, rappelle au vicomte de Béarn, prince mérovingien, sa parenté paternelle avec les ducs de Gascogne, et mentionne à ce sujet l'établissement en Espagne et le retour en France de ces descendants de nos premiers rois. (A)

Telles sont les raisons qui donnent lieu de penser avec tous les historiens que Sanche, premier duc de Gascogne, était Mérovingien, et qui établissent le lien entre la première race de nos rois et les Maisons qui descendent de ces derniers ducs. Le jeune Sanche se montra digne de sa naissance, et le surnom de Mittara (en arabe *ruine et dégât*), qui lui fut donné, indiquait qu'il était la terreur des infidèles.

Son fils, Garcie Sanche le Courbé, duc de Gascogne, eut pour successeur son fils aîné. Il donna le comté de Fezensac au second, nommé Guillaume Garsie, et le comté d'Astarac au troisième.

COMTES DE FEZENSAC.

D'argent au lion de gueules.

Chapitre 3.

COMTES DE FEZENSAC.

Le comté de Fezensac était borné au levant par la seigneurie de Lille-en-Jourdain, au midi par le comté d'Astarac, dont les principales villes sont Mirande et Masséoube, et par la Bigorre (Vic-Bigorre et Tarbes); au couchant et au nord par les territoires d'Aire, de Mont-de-Marsan et de Condom, qui appartenaient à la Gascogne proprement dite.

Les descendants de Guillaume Garsie, au nombre de sept, possédèrent ce comté pendant les 10ᵉ et 11ᵉ siècles. Leurs alliances sont peu connues. Le premier, Guillaume Garsie, donna à son second fils Bernard le comté d'Armagnac; il fut la tige de la célèbre Maison de ce nom. Le quatrième, Aimery Iᵉʳ, donna à son second fils la baronnie de Montesquiou : le premier Montesquiou était donc arrière-petit-neveu du premier Armagnac.

Les principales villes du comté étaient Auch et Vic. On voit même quelquefois les comtes de Fezensac s'intituler comtes d'Auch; mais, comme cette dernière ville était spécialement sous la domination des archevêques, les comtes préférèrent s'établir à Vic, qui prit le nom de Vic-Fezensac. Leur histoire offre un singulier mélange de fondations pieuses et de querelles avec le clergé. L'Eglise d'Auch leur devait une grande partie de ses richesses et l'institution de ses chanoines réguliers. Quelquefois ils se brouillaient avec les archevêques, auxquels ils avaient peine à pardonner l'espèce de domination temporelle que ceux-ci s'obstinaient à exercer. La guerre se passait en violences d'un côté, en excommunications de l'autre, et finissait presque toujours par de nouveaux dons obtenus par l'Eglise. Leurs armoiries, dont l'usage commença à cette époque, étaient d'argent au lion de gueules : ce fut sous cette bannière qu'Astanove, dernier comte de Fezensac, parut à la croisade où il fut tué, en 1100; il n'avait qu'une fille, et le comté fut réuni à la branche d'Armagnac.

Écartelé aux 1er et 4e, d'argent au lion de gueules ; aux 2e et 3e, de gueules au léopard d'or.

DIGRESSION SUR LES COMTES D'ARMAGNAC.

Cette branche, issue, comme je l'ai dit, du premier comte de Fezensac, eut en partage, sous le nom d'Armagnac, la portion du comté de Fezensac au nord, dont les principales villes sont Eause, Nogaro, La Bastide. Mais, dans le courant du 12e siècle, ils héritèrent du comté de Fezensac. Ils s'intitulèrent alors comtes d'Armagnac et de Fezensac, et ce dernier comté perdit sa préeminence. On le confondit avec l'Armagnac, et on finit par lui en donner le nom, que l'on voit encore sur les cartes de France. Messieurs d'Armagnac auraient dû, au contraire, en héritant du comté de Fezensac, reprendre ce nom, qui était leur nom véritable et originaire. S'ils en avaient usé ainsi, c'est sous le nom de Fezensac qu'ils auraient parcouru leur brillante carrière; l'Armagnac, qui forme une partie importante de la Gascogne, s'appellerait le Fezensac; et la maison de Montesquiou, en reprenant, au bout de six siècles, le nom de ses ancêtres, l'aurait trouvé plus connu et plus illustré.

La Maison d'Armagnac se fit bientôt remarquer par son ambition et son humeur guerrière. Déjà même, avant la réunion du comté de Fezensac, le comte Bernard II osa disputer à main armée au comte de Poitiers la souveraineté du duché de Gascogne, dont le dernier duc n'avait laissé que des filles. Ses successeurs, ayant acquis par alliance le pays de Lomagne, et bientôt après le comté de Fezensac, firent sentir à leurs voisins le poids de leur nouvelle puissance. L'histoire est remplie de leurs guerres avec les comtes de Poitiers et de Toulouse, et surtout avec les comtes de Foix, guerres dans lesquelles les rois de France et d'Angleterre furent souvent obligés d'intervenir.

Bernard VI épousa l'héritière de Rodez, dont le comté fut uni à l'Armagnac, à condition d'en porter les armes, et d'unir les Lions de Fezensac aux Léopards de Rodez.

Son fils, Jean Ier, gouverna ses riches domaines pendant cinquante ans, et servit avec fidélité et dévoûment les rois Philippe de Valois, Jean et Charles V, dans leurs guerres contre les Anglais. L'assistance d'un vassal aussi puissant était précieuse, et fut magnifiquement récompensée : il fut nommé lieutenant du roi en Languedoc; il reçut, à diverses époques, plus de 20,000 livres de pension ; on lui donna le comté de Gaure, plusieurs terres et châteaux. Une de ses filles épousa le fils du roi d'Aragon ; l'autre le duc de Berri, fils du roi Jean.

Son fils et son petit-fils succédèrent à sa haute fortune, et imitèrent sa bravoure et son patriotisme. Le dernier fut tué en Italie, et ne laissa point d'enfants de Marguerite, héritière du comte de Comminges.

Son frère, Bernard VII, avait reçu de son père, entre autres domaines, la seigneurie de Vic-Fezensac. Dès sa jeunesse il annonçait de brillantes qualités, mais une ambition insatiable, et à laquelle tous les moyens étaient bons. A la mort de son frère, il s'empara du comté d'Armagnac, que ses nièces réclamaient : les états de Gascogne et de Rouergue lui donnèrent raison. Mais sa belle-sœur, l'héritière de Comminges, venait d'épouser en secondes noces le fils de Gérard d'Armagnac, vicomte de Fezensaguet. Le comte Bernard ne pouvait pas souffrir que cette riche succession lui fût enlevée, et il profita de l'occasion pour s'approprier les domaines de cette branche cadette de sa Maison. Les plus frivoles prétextes lui suffirent pour envahir les terres du vicomte de Fézensaguet et s'emparer de sa personne. Ce malheureux seigneur fût enfermé dans une citerne, et y mourut en peu de jours. Ses deux fils, âgés de moins de vingt ans, vinrent se jeter aux genoux du comte, et implorer sa pitié : il ne voulut point les recevoir *à miséricorde*, il exigea qu'ils se rendissent *à merci*, et l'on sait ce que ce mot voulait dire. L'aîné eut les yeux brûlés, et mourut peu après ; le cadet mourut de frayeur à l'aspect de la prison où avait été renfermé son père, et qui était également destinée à lui servir de tombeau. Leurs tantes demandèrent justice au roi : elles ne l'obtinrent point, et moururent de tristesse.

Une aussi horrible cruauté n'aurait pas dû

rester impunie ; mais le comte d'Armagnac avait épousé la fille du duc de Berri, oncle de Charles VI, qui gouvernait la France pendant la maladie du roi ; sa fille était mariée au duc Charles d'Orléans, cousin de ce même prince ; la France était envahie par les Anglais, et en proie à la guerre civile : comment risquer de s'attirer un nouvel ennemi si puissant ? Il faut dire au moins que le comte d'Armagnac se montra reconnaissant, et qu'il embrassa avec chaleur la cause des princes auxquels il avait l'honneur d'être allié. Le parti des ducs d'Orléans et de Berri s'appela, de son nom, le parti des Armagnacs ; et il ne cessa de combattre à outrance le parti du duc de Bourgogne. Au milieu de cette guerre générale, le comte d'Armagnac trouvait encore le temps de s'occuper de ses querelles particulières ; et il était occupé au siége d'une petite place dans le Rouergue, quand un courrier vint lui apprendre la déroute d'Azincourt, et sa nomination de connétable et de capitaine général de toutes les places du royaume. Non content de cette haute distinction, il exigea la place de premier ministre et la direction des finances : tout fut accordé, et le nouveau connétable se hâta d'arriver à Paris. Les commencements de son administration furent brillants; le gouvernement reprit de la force; la guerre contre le duc de Bourgogne se poursuivit avec succès. C'est un singulier spectacle de voir en ce siècle un descendant de Clovis maître de la France, dictant ses volontés au jeune Dauphin, siégeant au parlement au-dessus du chancelier et du premier président, imposant à cette compagnie des emprunts forcés dont les clercs n'étaient pas exempts, vendant les bijoux de la reine et les reliques des saints, traitant les gens de guerre avec dureté ou avec mépris; exilant, emprisonnant, punissant de mort arbitrairement, souvent sur de légers indices. La difficulté des circonstances rendait nécessaires quelques unes de ces mesures;

le caractère inflexible du connétable explique les autres. Les résultats en furent bien funestes : le peuple de Paris, poussé à bout, se tourna du côté du duc de Bourgogne ; une conspiration échappée à toutes les perquisitions lui livra les portes de la ville. L'explosion fut terrible. Le connétable, livré par un maçon chez lequel il s'était réfugié, fut mis en prison, et bientôt massacré avec trois mille cinq cents personnes. Sa mort ne satisfit point la rage du peuple, qui mutila son cadavre. En peu de jours on vit le descendant des rois déguisé sous les haillons de l'indigence, le maître de la France traîné dans un cachot, l'assassin de ses neveux égorgé lui-même sans pitié.

Ce coup fatal, en punissant le connétable, parut atteindre avec lui toute sa race, et depuis ce moment la maison d'Armagnac n'éprouva plus que des malheurs. Le comte Jean IV, son fils, s'attira l'inimitié de Charles VII en faisant valoir des prétentions sur le comté de Comminges, qui avait été donné au roi. Il est vraisemblable que ce prince avait été effrayé de l'excessive puissance du connétable, et qu'il cherchait des prétextes pour abaisser sa Maison. Il reprochait, entre autres choses, au comte de s'intituler *comte par la grâce de Dieu*, quoique ce fût l'usage de la Maison d'Armagnac depuis plus d'un siècle. Le Dauphin (depuis Louis XI) le fit prisonnier, et s'empara de ses états, que Charles VII consentit à lui rendre, à la sollicitation de tant de Maisons puissantes auxquelles il était allié, et particulièrement du roi de Navarre, dont il avait épousé la fille.

Jean V, son fils, avait recueilli tout l'héritage de son père; mais sa mauvaise conduite causa bientôt sa ruine. Une de ses sœurs lui inspira une passion effrénée, et il osa l'épouser publiquement sur une fausse autorisation du pape. Poursuivi criminellement pour ce fait, ainsi que pour ses intelligences avec les ennemis de l'état, il demanda à être jugé *en forme de pairie, parce qu'il descendait du sang royal.* Ce n'est point de sa descendance de Clovis qu'il voulait parler : il n'aurait pas osé l'invoquer, et peut-être l'ignorait-il lui-même ; il parlait de sa descendance de la Maison régnante par sa grand'mère, fille du duc de Berry. Cette demande fut repoussée, parce qu'il n'était point pair, et qu'il ne descendait de la Maison royale que par les femmes. Il fut banni, et ses biens confisqués ; et cependant le roi Louis XI consentit à lui rendre ses états, en y ajoutant une pension de 12,000 liv. Tout était réparé, et le comte de Foix, oubliant la conduite immorale du comte d'Armagnac et les querelles qui avaient long-temps divisé leurs Maisons, avait eu la généreuse confiance de lui donner sa fille. Trois ans ne s'étaient pas écoulés, que le comte d'Armagnac conspirait de nouveau avec les ennemis de l'état, et recommençait ses intrigues avec sa sœur. Louis XI ne pardonnait pas deux fois. Le comte fut de nouveau condamné. La ville de Lectoure, où il s'était renfermé, fut prise d'assaut, le comte fut massacré, et tous les habitants furent passés au fil de l'épée. La ville resta déserte, et pendant plusieurs mois les animaux carnassiers furent ses seuls habitants. La femme du comte d'Armagnac avait été sauvée ; un breuvage fit justice de l'enfant qu'elle portait.

Charles, frère du comte, fut renfermé quinze ans à la Bastille : son crime était sa naissance. Charles VIII, à son avénement au trône, le mit en liberté, et lui rendit les domaines de sa Maison. Cette générosité était sans danger : de longues souffrances avaient usé la santé du comte Charles, et affaibli sa tête ; il mourut peu après, sans laisser d'enfants légitimes. Le comté d'Armagnac fut donné à Marguerite, sœur de François Ier ; elle le porta dans la Maison d'Albret, et de là à Henri IV.

Il restait une branche cadette de la Maison

d'Armagnac, connue sous le nom de ducs de Nemours; elle descendait de Bernard, fils du connétable, qui servit fidèlement le roi Charles VII, et épousa Éléonore de Bourbon, fille de Jacques, comte de la Marche et roi de Sicile, et de Béatrix de Navarre. Le duché de Nemours avait été érigé en pairie par le père de Béatrix, qui le porta en dot à Jacques, roi de Sicile. Leur fille unique, Éléonore, le porta elle-même dans la Maison d'Armagnac. Jacques d'Armagnac, son fils, fut donc duc de Nemours et pair de France : c'est le premier pair qui ne fût point de maison souveraine. Il parut d'abord destiné à succéder à la fortune de la branche aînée d'Armagnac, et à réparer ses malheurs. Il servit le roi Louis XI dans ses guerres, et en reçut 8,000 liv. de pension. Son caractère inquiet perdit tout. Après avoir pris parti contre le roi dans la guerre du Bien public, et obtenu son pardon, il conspira de nouveau. Pour cette fois, Louis XI, en lui faisant grâce, exigea qu'il déclarât par écrit que, s'il conspirait encore, il renonçait au privilége de la pairie, et consentait à la confiscation de ses biens. Malgré ce terrible avertissement, le duc de Nemours renoua ses intrigues criminelles avec les ennemis de l'état. Cette fois, Louis XI fut inexorable. Le duc de Nemours, arrêté, renfermé dans un cachot humide, et bientôt dans une cage de fer à la Bastille, fut jugé par le parlement de Paris, auquel on adjoignit quelques commissaires. Le duc avoua tout, et implora la clémence du roi. Il était trop tard : la condamnation fut prononcée, et le duc eut la tête tranchée à Paris. On ne sait quel démon inspira l'horrible pensée de placer ses enfants sous l'échafaud, pour les arroser du sang de leur père. Charles VIII, en expiation de cette barbarie, leur rendit leurs biens et dignités. Ils moururent sans enfants. Le dernier servit vaillamment Charles VIII et Louis XII; il fut nommé vice-roi de Naples, et périt à la bataille de Cérignole, en 1503. Les filles entrèrent dans les maisons de Bourbon et de Rohan.

Enfin, le dernier de tous les Armagnac, fils d'un bâtard de la branche aînée, devint archevêque d'Avignon, et cardinal. Sa conduite et ses talents, pendant sa longue carrière, lui méritèrent la faveur de François Ier, de Henri II et des rois ses enfants. Il fut ambassadeur de France à Venise et à Rome, lieutenant général au gouvernement de Languedoc, et employé dans toutes les affaires importantes. Il mourut à la fin du 16° siècle, après avoir paré d'une dernière illustration le grand nom qu'il était digne de porter.

BARONS DE MONTESQUIOU DE LA BRANCHE AINÉE.

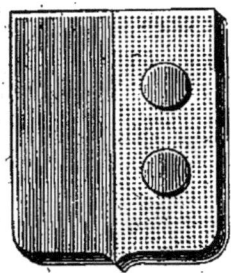

Parti au 1ᵉʳ de gueules plein ; au 2ᵉ d'or à 2 tourteaux de gueule

Chapitre 4.

BARONS DE MONTESQUIOU DE LA BRANCHE AINÉE.

J'ai cru devoir parler des comtes d'Armagnac, quoique nous n'en descendions point, puisque ce sont nos grands-oncles, fils, comme nous, des comtes de Fezensac. Le rôle qu'ils ont joué dans l'histoire méritait cette digression. Je reviens à la ligne directe et aux premiers barons de Montesquiou. On trouvera leurs exploits plus modestes, et leurs alliances moins brillantes que celles de Messieurs d'Armagnac : ce sont les mêmes mœurs et les mêmes passions sur un plus petit théâtre. On va les voir successivement figurer dans les croisades, dans les longues guerres entre la France et l'Angleterre, enfin dans les guerres de religion du 16e siècle (B).

Vers la fin du 11e siècle, le quatrième comte de Fezensac, Aimery Ier, donna à *Raymond Aimery*, son second fils, la baronnie de Montesquiou d'Angles et plusieurs autres terres. On a dit que ce Raymond Aimery était bâtard. Cette supposition ne se trouve dans aucun ouvrage, et elle est démentie par mille considérations. Les anciennes chartes en parlent comme d'un fils légitime. Le domaine de Montesquiou était considérable: Raymond Aimery est désigné dans un acte comme un des grands seigneurs du comté de Fezensac. Son fils, Arsieu Ier, possédait des droits sur plusieurs églises aux environs d'Auch, et ces droits, il les tenait de son père (*ex paterna successione*); il avait un territoire aux portes de la ville par droit héréditaire des comtes de Fezensac (*jure hereditario consulum*) : des bâtards n'auraient eu ni des droits de cette nature, ni un domaine de cette importance.

Cet *Arsieu I*[er] était fort pieux. Il commença la longue série des bienfaits que ses descendants accordèrent aux églises; il défend à ses successeurs de revenir sur les dons pieux qu'il avait faits pour obtenir le pardon de ses péchés, et dans ce cas, il les menace de la malédiction divine, *qui a frappé Dathan et Abiron, et veut qu'ils soient privés de la vue de la Sainte-Vierge;* il voue son fils Bernard comme chanoine de l'église d'Auch, genre de dévotion qu'on retrouve dans l'antiquité : peut-être le sacrifice de Jephté n'était-il pas autre chose. Bernard confirma le vœu de son père, en se donnant à l'Église, et devint évêque de Tarbes.

Bertrand n'eut de remarquable que son mariage avec Guillemette de Labarthe, maison dont Messieurs de Labarthe de Thermes paraissent descendre; elle était sœur de Gérard, archidiacre d'Auch.

Raymond Aimery II éprouva de grands malheurs. Le seigneur d'Arbeichan, avec lequel il était en guerre, le fit prisonnier, et le mit aux fers. Les prières de ses oncles, l'évêque de Tarbes et l'archidiacre d'Auch, furent inutiles : il fallut que ce dernier vînt se mettre en ôtage pour obtenir la liberté provisoire de son neveu. Raymond Aimery s'empressa de se procurer la rançon nécessaire à la délivrance d'un oncle si généreux. Sa fortune avait déjà été grevée d'emprunts pour payer les frais de la guerre : il fallut recourir à de nouveaux sacrifices. Le chapitre d'Auch consentit avec peine à lui prêter 700 sols morlas, hypothéqués sur sa terre de Verdale (aujourd'hui Aubiet). Peu de temps après, Gérard de Labarthe fut nommé archevêque d'Auch. Bernard IV, comte d'Armagnac, qui voulait cette dignité pour un de ses enfants, s'empara de la ville, ravagea les biens de l'archevêché, brûla les églises, détruisit la métropole. On pense bien que Raymond Aimery embrassa le parti de l'archevêque son oncle, auquel il devait tant de reconnaissance. La colère du comte d'Armagnac se tourna contre lui : sa terre de Marsan fut ravagée en 1180; l'église détruite, ainsi que la haute tour qui la protégeait. Lorsque la paix fut faite, il fallut rebâtir l'église et la tour. Le baron de Montesquiou obtint une indemnité du chapitre d'Auch, grâce aux instantes prières de son oncle l'archevêque; mais cette indemnité, dont il avait chargé son fermier, fut employé à d'autres objets, et la tour de Marsan resta en ruine. Il adressa vainement de nouvelles demandes au chapitre. De plus grands événements détournèrent bientôt l'attention de ces querelles domestiques. Jérusalem venait d'être reprise par Saladin, et les chrétiens étaient perdus s'ils ne recevaient du secours. Toute l'Europe s'arma de nouveau : Frédéric Barberousse, Richard Cœur-de-Lion, Philippe-Auguste, se mirent à la tête de la troisième croisade. Le baron de Montesquiou ne pouvait pas rester étranger à ce mouvement militaire et religieux; mais il fallait de l'argent : il eut encore recours à son oncle l'archevêque. Pour cette fois, les chanoines exigèrent qu'il s'engageât du moins à ne plus jamais parler de la tour de Marsan, pour laquelle il ne cessait de réclamer (1). On

(1) C'est pour la première fois, en 1180, qu'il est question de la terre de Marsan comme appartenant à la maison de Montesquiou, et il est fort vraisemblable qu'elle avait fait partie du domaine du premier baron de Montesquiou, environ en l'an

ignore ce que fit Raymond Aimery à la croisade j'aime à croire qu'il était présent au siége d'Acre, que les Français prirent d'une manière si brillante, et qu'il ne revint en France avec Philippe-Auguste que lorsque tout fut terminé. Dans sa vieillesse, il se fit chanoine d'Auch, et y termina ses jours. L'abbaye de Berdoues reçut ses cendres. Cette riche abbaye, située dans l'Astarac, au dessous de Mirande, était comblée de ses bienfaits. Pictavine de Marrast, sa femme, y fut enterrée près de lui. Avant la révolution, on y voyait encore leurs tombeaux, parsemés des écussons des Montesquiou à deux partis, et de ceux des Marrast (d'or à deux animaux courants).

1050. Depuis 800 ans elle n'est pas sortie de notre famille. L'auteur de cet écrit la possède encore aujourd'hui, et, semblable à ses ancêtres, il l'habite souvent, et se plaît encore à l'embellir.

C'est pour la première fois qu'on voit figurer les armes de la maison de Montesquiou telles que la branche de Marsan les porte encore (1).

Arsieu II ne devait pas succéder à son père. Son frère aîné mourut jeune, et laissa un legs en argent aux moines de Berdoues, en réparation des torts qu'il se reprochait de leur avoir faits.

Arsieu n'eut pas besoin d'aller à la croisade

(1) Les armoiries des barons de Montesquiou étaient *parti au premier de gueules plein, au deuxième d'or à deux tourteaux de gueules.*
Il paraît que le champ de gueules plein était la couleur des grands vassaux de la province : ce sont les armes des maisons d'Albret, de Narbonne, etc. C'est à ce titre que la maison de Montesquiou le porte au premier parti de son écusson ; le second parti forme les armes distinctives de cette maison. Aussi quelques unes des branches qui la composent ne portaient que le second parti : c'est ce que fait encore aujourd'hui la branche d'Artagnan. La branche de Marsan conserve les deux partis, comme les anciens barons de Montesquiou.

pour combattre les infidèles : ils étaient maîtres d'une partie de l'Espagne, et menaçaient les royaumes chrétiens. Alphonse, roi de Castille, s'unissait aux rois d'Aragon et de Navarre pour les combattre. Le baron de Montesquiou alla les joindre en 1212, année de cette mémorable victoire à laquelle sans doute il prit part, et où 200,000 mahométans périrent. Toutes ces expéditions compromettaient la fortune de ceux qui y prenaient part. Il fallait avoir recours aux emprunts : l'abbaye de Berdoues s'offrit, et fit payer cher ses secours. En général, on ne peut se figurer tout ce que l'Eglise, et surtout cette abbaye, reçut de la Maison de Montesquiou pendant les 12e et 13e siècles, tant en fondations qu'en donations, legs, et hypothèques pour garantie de prêts.

Le sceau d'Arsieu II, en 1245, est le plus ancien que l'on connaisse. Il est représenté tenant d'une main l'épée haute, et de l'autre l'écu des

Montesquiou. On le voit encore assister, ainsi que d'autres seigneurs du pays, à la cession que fit au comte de Toulouse la comtesse d'Astarac de tous ses droits sur le comté de Fezensac.

La Gascogne fut assez paisible pendant la vie de *Raymond Aimery III*. Cette province appartenait, depuis saint Louis, aux rois d'Angleterre, à la charge d'en faire hommage au roi de France. Aussi Raymond Aimery paraît n'avoir été occupé que de l'arrangement de ses affaires et de l'établissement de ses dix-sept enfants. On remarque parmi eux Odon, qui épousa l'héritière de Massencome, et fut le chef de la branche de Montluc ; Pictavin, évêque et cardinal ; Montazin, abbé de Berdoues, si enrichie par la piété de ses ancêtres ; Guillaume, qui se destinait, en 1300, à l'ordre des Templiers, et qui eut le bonheur de n'y point être admis avant sa destruction, en 1312 ; plusieurs filles mariées, d'autres religieuses.

Raymond Aimery avait un four banal au village de Marsan, et les habitants étaient obligés d'y acheter leur pain. En 1290, ils obtinrent de lui l'autorisation de construire des fours particuliers, et de manger leur pain, moyennant une redevance annuelle de 6 deniers morlas par jour.

L'acte est authentique, la concession acceptée par les consuls de Marsan; le curé est témoin, ainsi que deux damoiseaux : c'est le premier acte qui concerne la terre de Marsan. Son testament, daté de 1300, est aussi le plus ancien qui soit venu jusqu'à nous : il donne des legs à chacun de ses enfants, et institue pour son héritier l'aîné, et les suivants par ordre de primogéniture. Cet aîné fut *Genses I*[er]; il épousa la comtesse d'Antin. Son contrat de mariage, de 1291, est le plus ancien de notre généalogie. Elle apporta en dot 6,000 sols, qui furent hypothéqués sur le château de Marsan. Ils n'eurent qu'un fils et une fille; et leur mère, par son testament, nomma pour ses héritiers son fils et les enfants de son fils, à leur défaut sa fille, et à son défaut son propre frère. Elle n'oublia pas un fils et une fille naturels de son fils, et elle leur laissa une somme, à l'une pour se marier, à l'autre pour acheter un cheval. Dans ce testament elle est appelée *noble et puissante dame*, et son mari *noble et puissant seigneur baron*. Il assistait, en cette qualité, avec les seigneurs de Montaigu, de Pardailhan, de Podenas et d'Arbeichan, à l'acte par lequel l'archevêque d'Auch et le comte d'Armagnac terminaient leurs différends avec la ville d'Auch, et lui accordaient de nouvelles coutumes.

Raymond Aimery IV vit commencer cette longue guerre entre la France et l'Angleterre qui signala le règne des Valois. Cette guerre embrasa tout le midi de la France, et les barons de Montesquiou y prirent une part active. C'est aussi l'époque de l'établissement des armées régulières et soldées : aussi ne voit-on plus les seigneurs emprunter de l'argent aux abbayes, et mettre leurs terres en gage pour subvenir aux frais de la guerre. Raymond Aimery était chevalier, bachelier, commandant une compagnie de trente-huit écuyers et quatre-vingts sergents de pied, entretenus au compte du roi. Il paraît qu'il fit la guerre avec éclat, car il fut appelé *chevalier illustre et distingué (egregius et spectabilis miles)*. Son esprit de justice mérite autant d'éloges que sa bravoure. Il fit même rendre sur ses gages et sur ceux de sa compagnie des vivres que l'on avait pris à Langon, quoique le droit de la guerre et la nécessité semblassent autoriser de pareilles réquisitions. Ces exemples étaient rares en ce siècle : car la Gascogne était ravagée soit par les armées française et anglaise, soit par les troupes de Jean II, comte d'Armagnac, et du comte de Foix, qui se faisaient aussi la guerre. Le baron de Montesquiou suivait le parti de son parent. Il fut fait prisonnier avec le comte d'Armagnac, en combattant à ses côtés près de Lille-Jourdain, en 1373, et mourut peu après sa rentrée de captivité. Il avait épousé Belesgarde d'Aspet, riche de 4,000 liv. tournois; *elle possédait de plus de nobles habits nuptiaux, un lit et des meubles, comme il est d'usage entre nobles et barons si puissants* (*C*).

Arsieu III fit la guerre en même temps que son père, et commandait une compagnie de gens d'armes à pied, sous les ordres de Jean, comte d'Armagnac. On remarque dans une quittance des gages de sa compagnie, en 1353, que son sceau est accompagné d'une étoile à six rais qui ne figure point dans nos armes : je pense que c'était un signe particulier pour le distinguer de son père (*D*). Il reçut de ce même comte une gratification montant à 107 liv. 10 s., pour les bons services qu'il ne cessa de rendre au roi en cette guerre, et les grands frais qu'il a soutenus (*E*).

Trente ans plus tard, en 1382, le comte d'Armagnae lui donna le domaine et la haute justice de Bazian, situé entre Montesquiou et Vic-Fezensac. Cette donation est faite en faveur des nombreux services qu'il a rendus et qu'il ne cesse de rendre aux comtes d'Armagnac. On conserve, à la date de 1379, l'acte du serment de fidélité que les consuls et conseillers de la terre de Riguepeu (près Montesquiou) lui prêtèrent. Il est dit dans cet acte que, de mémoire d'homme, ses ancêtres ont possédé la baronnie de Montesquiou d'Augles, et reçu le serment de fidélité des magistrats, après avoir, toutefois, prêté eux-mêmes le serment d'observer les us et coutumes du lieu, et de défendre leurs vassaux. C'était un contrat synallagmatique qui engageait aussi le seigneur à quelques devoirs envers les habitants. Son autorité n'en était pas moins très étendue, et l'on voit, en 1344, le père d'Arsieu ratifier une vente faite entre deux habitants de Marsan, et reconnaître qu'il en était satisfait, soit que rien ne dût se faire sans l'autorisation du seigneur, soit même qu'il lui fût dû une redevance pour les actes de vente.

Il y avait à la cathédrale d'Auch une chapelle qui passait pour avoir été la sépulture des ancêtres du baron de Montesquiou : Arsieu obtint du chapitre la permission de l'échanger contre une autre plus convenable. Il y fonda à perpétuité une messe quotidienne pour le repos de l'âme de ses ancêtres et de ses descendants; il voulut y être enseveli, et y demeurer, dit-il, *jusqu'à ce que la voix de Jésus-Christ l'appelle au jugement dernier.*

Arsieu eut la douleur de perdre son fils aîné, Genses, qui avait épousé Constance de Castelbajac, riche de 4,000 florins d'or. Son petit-fils, *Arsieu IV*, lui succéda. Il était d'un caractère entier et absolu. Il obtint des lettres royaux de Charles VI pour contraindre les seigneurs qui possédaient des terres dans la baronnie de Montesquiou à lui prêter foi et hommage, *comme on l'avait toujours prêté à ses prédécesseurs*. Il paraît qu'à la faveur des guerres qui désolaient ce pays, les seigneurs s'en étaient dispensés. Ce premier succès encouragea son audace ; il ne mit plus de bornes à ses entreprises, et devint la terreur de ses voisins. La ville de Mirande eut surtout à en souffrir. Elle s'était déclarée contre lui dans une de ces guerres intérieures si fréquentes alors. La vengeance fut prompte et terrible : le baron de Montesquiou fit ravager les terres de Mirande ; les habitants étaient arrêtés partout où on les rencontrait, rançonnés impitoyablement, et mis à mort en cas de résistance. Par malheur pour Arsieu, il se trouva parmi eux des serviteurs du sénéchal de Toulouse et du maréchal de Sancerre. Ceux-ci réclamèrent, et Arsieu fut mandé au parlement de Paris avec Genses, son frère, et deux chevaliers, ministres de leurs vengeances. Ils ne voulurent point y aller, *dans le doute,* disaient-ils, *de rigueur de justice.* Mais cette désobéissance pouvait causer leur ruine totale. Arsieu implora la clémence du roi : il représenta qu'ils étaient *gens de bonne vie, et honnête conversation, sans aucun vilain reproche; qu'il n'avait point poursuivi les habitants de Mirande par mépris de l'autorité royale, mais pour se contrevenger des dommages qu'il en avait reçus, et que c'est ainsi que cela se pratique entre les nobles du pays de Gascogne.* Charles VI accueillit cette prière : il considéra *les bons, grands et agréables services faits à lui et à ses prédécesseurs, en fait de leurs guerres et autrement, par les seigneurs de Montesquiou, les pertes et dommages qu'ils ont éprouvés;* d'ailleurs, on était dans le saint temps de Pâques, et il convenait d'imiter la clémence de Jésus-Christ. La grâce fut donc pleine et entière. Il restait des réparations civiles : elles furent convenues de gré à gré avec les consuls de Mirande. (*F*)

On trouve une donation de cinq arpents de terre, à *Estipouy* (près de Montesquiou), faite par Arsieu à Bernard de Marrast, damoiseau, sous la singulière réserve d'*une paire de gants blancs* (*cirothecarum albarum*) à lui et à chacun des barons de Montesquiou ses successeurs.

Arsieu épousa Gaillarde d'Espagne, qui lui porta en dot 4,000 francs et la terre de Salles, en Languedoc, près de Carcassonne. On voyait encore, il y a peu de temps, sur la porte d'entrée, des armes dont les couleurs ne sont point indiquées, et dans quatre autres endroits, à l'église et au château, les armes des Montesquiou : elles sont sans supports ni devises, excepté dans un seul endroit, où l'on trouve écrit au bas « *Post tenebras spero lucem* », et pour supports deux lions béants.

Arsieu prit une part active à la guerre qui désola la France pendant la fin du règne de Charles VI, et le commencement de celui de Charles VII.

Il combattit en 1421, ainsi que ses trois fils, sous les ordres du duc Charles de Bourbon, qui soutenait dans le midi de la France la cause du Dauphin, quoiqu'elle parût alors désespérée. Le baron de Montesquiou commandait une compagnie d'arbalétriers; Arsieu, son fils aîné, vingt écuyers de la compagnie de M. de Montmorin; Jean une compagnie entière d'arbalétriers; Barthélemy, neuf écuyers. Les quittances des gages sont scellées de leur scel aux armes des Montesquiou. Les fils se distinguent du père par un signe particulier : un lambel ou deux faces, mais toujours dans le premier parti; le second, avec les deux tourteaux, reste sans mélange. (G)

Arsieu IV, avant de mourir, eut la consolation de voir Charles VII rétabli sur le trône. Il voulut que son fils aîné lui succédât, et, à son défaut, ses autres fils par ordre de primogéniture. Cette époque est celle de la séparation des différentes branche de la Maison de Montesquiou. Bertrand fut la tige de la branche de Poylobon ; Roger, de celle de Marsac ; Barthélemy, de celles de Marsan, d'Artaguan, de Sainte-Colombe et de Préchac : j'en parlerai après avoir fini l'histoire des barons de la branche aînée.

Arsieu V continua la guerre dans le midi jusqu'au moment où les Anglais furent entièrement chassés de France. Charles VII, pour récompenser ses services et ceux de sa famille, le nomma son chambellan : c'était un titre sans fonctions, car il ne paraît pas qu'il ait été à la cour.

Les loisirs de la paix permirent au baron de Montesquiou de s'occuper de ses affaires personnelles.

Les comtes de Fezensac, et, plus tard, les comtes d'Armagnac, avaient accordé aux barons, chevaliers et nobles du comté de Fezensac des immunités et priviléges qui consistaient à être dispensés de leur payer aucune taille, dons, présents, subsides, à aucun titre. Les receveurs des finances et juges du comté de Fezensac prétendirent qu'ils y fussent soumis ; le baron de Montesquiou porta plainte au parlement de Toulouse *en son nom et au nom de tous les autres seigneurs du comté*. Le parlement fit droit à leurs réclamations. Par malheur, le baron de Montesquiou savait moins respecter les droits des autres que faire respecter les siens : il ordonna des réquisitions arbitraires de vin et d'autres denrées dans la ville de Montesquiou. Les consuls de ce lieu portèrent plainte devant les juges du comté d'Armagnac ; le baron, fort irrité de cet appel, et sans attendre le jugement, redoubla ses vexations : il remplit la ville de gens de guerre, qui y vivaient à discrétion. Jean IV, comte d'Armagnac, lui fit connaître qu'une pareille conduite était attentatoire à ses droits de seigneur suzerain, que c'était à lui qu'il appartenait d'empêcher les barons et les seigneurs d'opprimer leurs vassaux ; il lui déclara qu'il prenait sous sa protection les maisons, les femmes, les familles et les biens des habitants de Montesquiou, et il fit placer partout, comme sauvegarde, les bannières aux armes d'Armagnac. Arsieu réclama vainement, et menaça d'en appeler au *très redoutable parlement de notre seigneur le roi de France*, ou au roi lui-même. L'ordre fut exécuté.

Dans cet arrêté, le comte d'Armagnac appelle le baron de Montesquiou *notre cher et fidèle cousin*. Il n'y avait cependant entre eux aucune parenté proche : Jean d'Armagnac, petit-fils du duc de Berri, beau-frère du duc d'Orléans, gendre du duc de Bretagne et du roi de Navarre, n'avait personnellement rien de commun avec Arsieu de Montesquiou, fils de Gaillarde d'Espagne Montespan, et mari de Douce de Faudoas. Ce nom de cousin indiquait leur descendance commune des comtes de Fezensac, quatre siècles auparavant; et c'était sans doute une formule établie entre eux, puisque le comte d'Armagnac l'employait même dans une occasion où il exerçait envers le baron de Montesquiou une mesure de rigueur.

Arsieu V finit sa vie dans les plus grands sentiments de piété. Il fut nommé chanoine d'honneur du chapitre d'Auch. Le chapitre s'assembla pour sa réception : là, les mains jointes et à genoux, il reconnut que tous ses prédécesseurs avaient, une fois en leur vie, prêté serment de fidélité à ce vénérable chapitre; il déclara qu'il voulait suivre cet exemple : il promit donc de lui être bon et fidèle, de lui procurer le bien, de lui éviter le mal, de garder ses secrets, de repousser ses dangers; il confirma la donation que son père avait faite au chapitre de la dîme d'*Yos* (nom que porte encore une métairie près de Montesquiou). Le chapitre reçut son serment, et lui accorda sa portion de pain et de vin, comme aux autres chanoines. On aime à voir ces détails de pieuse simplicité dans un seigneur que le comte d'Armagnac appelait *homme noble et puissant*, et le parlement de Toulouse, *homme distingué et d'une haute renommée*. Depuis ce temps, les barons de Montesquiou ont été chanoines d'honneur, et ont eu une place marquée dans le chœur de la cathédrale d'Auch.

La même prérogative était accordée aux comtes d'Armagnac et aux barons de Montaut, de Lille et de Pardaillan.

Arsieu V ne laissa point de garçons, et son frère *Bertrand* lui succéda, selon le testament de leur père. La baronnie de Montesquiou lui fut disputée par sa nièce Bellegarde, fille aînée d'Arsieu V, épouse du seigneur de Lavédan. Elle invoquait le droit naturel pour succéder à son père ; Bertrand réclamait l'exécution du testament de son aïeul : le parlement de Toulouse lui donna raison.

Bertrand était fort âgé, lorsque Jean V, comte d'Armagnac, sous le faux prétexte de torts qu'il avait envers lui, le fit renfermer un an au château de Lectoure, et plus long-temps encore à la conciergerie du parlement de Toulouse. Ses plaintes parvinrent enfin à Louis XI, déjà si mécontent du comte d'Armagnac. On lui rendit la liberté, et en 1465 il fut ramené chez lui, à quatre-vingts ans, ayant une jambe rompue. Le roi lui permit de poursuivre criminellement le comte d'Armagnac. Les lettres patentes portent que *son amé et féal chevalier Bertrand de Montesquiou, seigneur de ce lieu, et ses prédécesseurs, étaient extraits de toute ancienneté d'une des nobles Maisons du pays d'Armagnac, et avaient toujours servi Sa Majesté, tant au fait de ses guerres qu'autrement, sans avoir commis aucune chose digne de reproche.* (H)

Cet honorable témoignage consola le malheureux vieillard de tout ce qu'il avait souffert. Quelques années plus tard, les soldats du roi se chargèrent du soin de sa vengeance, en poignardant le comte d'Armagnac à Lectoure.

Il restait une fille d'Arsieu V, qui n'était pas mariée. Orpheline de père et de mère, âgée de vingt ans, elle se trouvait sans appui, et l'on projeta de l'enlever, et de la marier sans le consentement de ses parents. On ignore par qui et dans quel intérêt ce projet fut conçu ; mais on sait que le duc de Guyenne, frère de Louis XI, lui donna, en 1471, des lettres de sauvegarde pour rester dans la dépendance de Bertrand, son oncle. Elle fut mariée à Amanieu de Gélas, et Jean de Montesquiou, son cousin-germain, eut la générosité de lui donner une dot.

Ce même *Jean* venait de succéder à Bertrand, son père, lorsque Charles, dernier comte d'Armagnac, revint dans ses domaines. Fidèle observateur des coutumes de ses ancêtres, il voulut, en sa qualité de comte de Fezensac, être reçu chanoine honoraire de la cathédrale d'Auch. Le baron de Montesquiou assistait à cette cérémonie, comme l'un des premiers barons du comté d'Armagnac. Ce furent les adieux de cette noble Maison : le comte Charles n'avait point d'enfants ; sa santé était détruite et sa tête affaiblie par suite de ses longs malheurs; il mourut, et sa riche succession fut donnée à Marguerite, sœur de François Ier, épouse de Henri d'Albret, roi de Navarre. Le mérite personnel de ce prince le rendait digne de sa haute fortune. On le vit à la journée de Pavie partager les dangers et la captivité du roi, son beau-frère. Rendu à la liberté, il s'occupa du gouvernement de ses nombreux domaines, et fit son entrée solennelle à Auch. Le nouveau comte d'Armagnac et de Fezensac fut reçu avec les honneurs dus à son rang, et avec un empressement qui marquait la confiance du pays dans un si puissant protecteur. Le clergé et le peuple allèrent processionnellement à sa rencontre. Le comte, avant d'entrer dans la ville, jura d'observer religieusement ses statuts et ses priviléges; il se rendit ensuite à l'église cathédrale, et y fut reçu comme chanoine honoraire en la manière accoutumée ; il prit place dans la stalle des comtes de Fezensac, et reçut, comme les chanoines, sa portion de pain et de vin. Marguerite, son épouse, l'accompagnait et fut reçue avec les mêmes honneurs. Les seigneurs de Montaut, de Pardailhan, et Jean II de Montesquiou, premiers barons d'Armagnac, étaient à leur place accoutumée.

Tout cela n'était déjà plus que de vains honneurs, car, depuis Louis XI, la puissance des grands vassaux était presque entièrement détruite. Aussi les guerres intérieures cessèrent, et la politique extérieure occupa seule les successeurs de ce prince. Il ne paraît pas que les barons de Montesquiou aient pris une part active aux guerres d'Italie, ni aux grands événements du règne de François Ier. *Jean Ier, Armanieu, Jean II*, vécurent pendant une période de cent ans dans leur château de Montesquiou, occupés de leurs affaires personnelles, jusqu'au commencement des guerres civiles qui éclatèrent sous le règne de Charles IX. C'est la dernière et la plus intéressante époque de l'histoire des barons de Montesquiou.

Jean II mourut en 1567, et laissa deux fils et une fille : *François*, gentilhomme du duc d'Anjou, capitaine de sa garde suisse ; Jean-Jacques, seigneur de Pompignan ; Anne, mariée à M. de Lupé. La seconde guerre de religion, qui se déclara cette année, les empêcha de s'occuper de recueillir l'héritage de leur père. Le premier édit de pacification avait accordé de grands avantages aux protestants ; mais ils ne pouvaient se fier à Charles IX, à Catherine de Médicis, ni à la Maison de Guise, irritée de l'assassinat du duc François. La reine venait de prendre à son service des troupes étrangères, sous prétexte de se précautionner contre les troubles des Pays-Bas. Les protestants en conçurent de l'ombrage ; ils s'armèrent, s'emparèrent de plusieurs villes, et menacèrent Paris. La guerre éclata en même temps sur tous les points du royaume. Le maréchal de Montluc prit le commandement des forces du roi en Guyenne. Deux régiments de chevau-légers se formèrent, et allèrent joindre le duc d'Anjou, lieutenant général du royaume : ces deux régiments étaient composés de la noblesse du pays ; François, baron de Montesquiou, était lieutenant dans l'un des deux. Cette troupe d'élite joignit l'armée dans les plaines de Troyes, en Champagne. La campagne fut courte ; mais le baron de Montesquiou trouva l'occasion d'y signaler son courage dans une charge de cavalerie. M. de Lamazan, son camarade et ami, fut renversé de cheval : on le crut mort. M. de Montesquiou se précipita sur le soldat qui l'avait frappé, et le tua de sa main, quoique pour l'attendrir il lui demandât la vie en patois gascon. M. de Lamazan n'était pas mort, et le baron de Montesquiou eut le bonheur de sauver son ami en croyant le venger. Ce fut après cette campagne qu'il fut nommé capitaine de la garde suisse du duc d'Anjou : sans doute que ses services, qui ne seront point parvenus jusqu'à nous, lui valurent cette honorable distinction.

Après une paix bien courte, les protestants reprirent les armes. Les deux régiments de chevau-légers gascons se reformèrent; on y vit, à la place du baron de Montesquiou, le seigneur de Pompignan, son frère, et ce même Lamazan, cadet de Gascogne, leur ami, qui fit cette campagne pour les accompagner, et qui a laissé un manuscrit fort curieux sur l'histoire de ce temps. Ces régiments se trouvèrent à la bataille de Jarnac, si célèbre dans cette guerre. Les chefs des deux partis semblaient s'y être donné rendez-vous : du côté des protestants, le jeune prince de Béarn (Henri IV), qui faisait ses premières armes, le prince de Condé, l'amiral de Coligny ; de l'autre, les ducs d'Anjou et de Montpensier, le jeune duc de Guise, le maréchal de Tavannes. Le combat fut vif, et les chevau-légers, qui se trouvaient au premier rang de l'armée catholique, furent écrasés par la cavalerie du prince de Condé. Rien n'égale l'ardeur et le dévoûment avec lequel ces braves gentilshommes combattirent; presque tous furent blessés. M. de Lamazan reçut quatre blessures en défendant ses amis, écrasés sous les pieds des chevaux. Il se retirait pour se faire panser quand il rencontra M. de Ligneret, gentilhomme huguenot. M. de Lamazan oublia ses blessures, et ne songea plus qu'à combattre : il eut le bonheur de faire son adversaire prisonnier. Ses amis, qui accouraient à son secours, le trouvèrent vainqueur. Il passa la nuit au coin d'un bois, soigné par son prisonnier comme il l'aurait été par un frère : ce prisonnier pansait ses blessures, et lui racontait des histoires qui le faisaient sourire au milieu de ses douleurs. La bataille fut gagnée, et, comme dit naïvement Lamazan, 3 ou 4,000 hommes restèrent sur la place, qui ne retournèrent jamais en leurs maisons. Les Montesquiou, ses amis, le firent transporter à Jarnac, où il acheva de se rétablir.

On sait que le prince de Condé fut tué à Jarnac, et qu'il le fut par M. de Montesquiou. Ce prince, entouré d'ennemis, et prêt à périr, reconnut M. d'Argence, et se rendit à lui. En ce moment M. de Montesquiou accourut, et, apprenant le nom de l'illustre prisonnier, il s'écria : « *Le prince de Condé! Tuez-le! tuez-le!* » et il lui cassa la tête d'un coup de pistolet. C'est un fait que je ne conteste ni ne justifie ; il est raconté par tous les historiens, et l'on n'a point oublié le vers de la *Henriade* :

Barbare Montesquiou, moins guerrier qu'assassin.

On trouve dans les grands officiers de la couronne que c'était Antoine de Montesquiou-Sainte-Colombe : rien ne justifie cette assertion. Toute cette branche était, au contraire, fort dévouée au parti des rois de Navarre. Le grand-père d'Antoine était écuyer de Jean d'Albret ; son père commandait une compagnie d'hommes d'armes de Henri, grand-père de Henri IV ; son fils était de la maison civile et militaire de ce prince : voilà bien des faveurs passées et futures pour une pareille action. Brantôme dit que c'était le baron de Montesquiou, capitaine des gardes suisses du duc d'Anjou. Antoine de Montesquiou portait habituellement le nom de Sainte-Colombe, et ne pouvait, dans aucun cas, s'appeler *le baron* de Montesquiou. Ce titre n'appartenait qu'à François, chef de la branche aînée, qui possédait en effet la baronnie de Montesquiou. Antoine était au plus lieutenant de gendarmes du duc d'Anjou. François était capitaine de ses gardes suisses ; il lui était dévoué par intérêt et par affection. Le duc d'Anjou avait ordonné qu'on tuât le prince de Condé : sa barbare joie en apprenant sa mort, et les insultes qu'il laissa faire à son cadavre, prouvent quel prix il mettait à l'exécution de cet ordre. Je pense donc que cette triste illustration appartient au baron François de Montesquiou. Cependant M. de Lamazan n'en parle point dans son mémoire, et dit seulement que le prince de Condé fut tué *par un brave gentilhomme de Gascogne*. Quoique le nom ne fût un secret pour personne, peut-être que son amitié ne lui permit pas de l'écrire.

Après cette bataille, les compagnies de chevau-légers se retirèrent en Gascogne pour se reformer. Elles étaient *tristes et harassées pour avoir perdu force gens et chevaux*. Le baron de Montesquiou eut un congé pour se marier. Il revint promptement, et il se trouva à la bataille de Moncontour, avec son frère et son ami Lamazan, guéri de ses blessures. Cette bataille fut encore plus funeste au parti protestant : 15 à 16,000 hommes y périrent. Le duc d'Anjou y montra une valeur qui allait jusqu'à la témérité. Accompagné d'une faible escorte, il se porta en avant, et fut chargé par la cavalerie ennemie. Longueville, Tavannes, Montesquiou, Villars, combattirent à ses côtés; son cheval fut tué : Montesquiou, en vrai capitaine des gardes, le releva, et lui donna le sien.

L'armée alla faire le siége de Saint-Jean-d'Angely. Le roi Charles IX et Catherine de Médicis vinrent au siége. Le baron de Montesquiou y fut traité avec distinction *pour les bons services qu'il avait faits aux journées de Jarnac et de Moncoutour.* On lui promit de le nommer chevalier de l'ordre, de lui donner 50 hommes d'armes et le gouvernement de Baïonne, que le vicomte d'Orthes voulait quitter. On sait que trois ans plus tard ce vicomte refusa d'exécuter à Baïonne la Saint-Barthélemy. Si ce projet eût été suivi, j'espère que ce même refus eût illustré notre nom : c'était une belle compensation à l'affaire de Jarnac. Mais le siége n'était pas terminé, et l'espoir d'avenir des militaires est soumis à plus d'une chance. La brèche était à peine praticable qu'on demanda l'assaut : comment refuser à des gentilshommes le plaisir de combattre sous les yeux du roi et de sa cour? La permission fut donnée, et peut-être imprudemment. On parvint jusqu'à la brèche; mais la défense fut opiniâtre, il fallut se retirer. Le baron de Montesquiou fut tué. Toute l'armée le regretta; le duc d'Anjou donna des larmes à sa mémoire, et voulut assister à son enterrement.

Cependant les maladies faisaient de grands ravages dans l'armée. Jean-Jacques de Pompignan, frère du baron, en fut atteint. On le transporta à Sénac, où il fit son testament, dont les détails peignent les mœurs du temps. Il donne à son cuisinier, ainsi qu'à son homme de chambre, un cheval *des bons de ceux qu'il possède*, et 100 écus; à son palefrenier 120 liv., à ses deux laquais 60 liv. et un *habillement honnête, avec ses couleurs et parements accoutumés;* il veut qu'on paie ses dettes *connues et inconnues,* ainsi que celles *de son frère;* il donne toute sa fortune à Mme de Lupé, sa sœur, et laisse à sa discrétion un présent beau et honnête à faire à M. de Lamazan, son *bon et fidèle ami.* Cet ami partageait son temps entre les soins qu'il lui rendait et les travaux du siége. Lorsque la ville fut prise, il le fit transporter à Montesquiou. Le voyage fut long et pénible ; le baron se reposa quelque temps à Saumont, près d'Agen, chez sa tante, mariée au seigneur de ce lieu, et il arriva mourant au château de Montesquiou. Mme de Lupé y reçut son frère, et le dernier baron de Montesquiou mourut bientôt dans l'antique demeure de ses pères, entre les bras de sa sœur et de son ami.

Ainsi s'éteignit la branche aînée, au moment où elle paraissait devoir briller avec plus d'éclat. Mme de Lupé resta seule héritière, mais sa possession ne fut point paisible. Quelques gentilshommes élevèrent des prétentions ; on allégua *d'anciennes substitutions;* d'ailleurs, disait-on, *femmes ne pouvaient succéder à ces grands biens et baronnie de Montesquiou ; la Maison n'était point éteinte ; il y avait des Montesquiou à Poylobon, à Marsan, à Artagnan, à Sainte-Colombe, à Montluc : c'était à eux que la baronnie devait appartenir.* Mme de Lupé, effrayée, eut recours, dans son isolement, à l'ami de ses frères. Lamazan s'établit au château avec elle: il y appela quelques uns de ses amis, avec lesquels il fit bonne garde, prêt à repousser la force par la force, aussi bien qu'à soutenir le droit devant la justice : son courage en imposa, et les prétentions cessèrent.

Peu après, Mme de Lupé fut demandée en mariage par Fabien de Montluc, fils du maréchal. L'alliance était convenable de part et d'autre. Mme de Lupé trouvait un protecteur, et rendait la baronnie de Montesquiou à une branche de la Maison. Fabien, cadet de cette branche, obtenait une grande fortune, et remplaçait la branche aînée. Lamazan s'employa avec son zèle ordinaire à faire réussir ce mariage ; il fit plusieurs voyages pour obtenir le consentement du maréchal, et lever les difficultés. Il fallait bien reprendre le nom de Montesquiou ; mais le vieux maréchal ne voulut point que ses descendants renonçassent à celui qu'il avait illustré. On convint que les enfants s'appelleraient *Montluc - Montesquiou*. Le mariage fut célébré, au grand contentement de toutes les parties, dit Lamazan, qui justifie bien l'épigraphe de ses mémoires :

<small>C'est une belle richesse qu'un bon ami sans dissimulation.</small>

Nota. Fabien de Montluc eut pour fils Adrien, dont la fille unique épousa M. d'Escoubleau-Sourdis, et lui porta la baronnie de Montesquiou. Elle passa au marquis d'Effiat, fut vendue au duc de

Roquelaure, passa dans la Maison de Rohan-Chabot, et fut vendue à M. Bombarde de Beaulieu, qui la donna au marquis de Montesquiou d'Artagnan, son petit-fils. Ses descendants possèdent encore ce domaine, réduit aux ruines du château.

BRANCHES CADETTES
DE LA MAISON DE MONTESQUIOU.

Chapitre 5.

BRANCHES CADETTES DE LA MAISON DE MONTESQUIOU.

Ces branches sont, par rang d'aînesse :
Branche de Poylobon,	*éteinte.*
Branche de Marsac,	*éteinte.*
Branche de Marsan et de la Serre,	*existante.*
Branche de Salles et d'Artaguan,	*existante.*

Branche de Sainte-Colombe et du
  Faget, *éteinte.*
Branche de Saintrailles, *éteinte.*
Branche de Massencomme et de
  Montluc, *éteinte.*

Je traiterai successivement dans ce chapitre des cinq branches éteintes, en suivant l'ordre des temps.

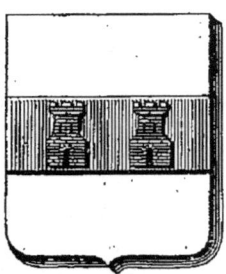

D'argent à la fasce de gueules, chargé de deux tours d'or.

BRANCHE DE MASSENCOMME.

Au commencement du 14ᵉ siècle, la Maison de Lasseran possédait de riches domaines, entre autres les seigneuries de Massencomme et de Montluc. Je ne connais point l'origine de cette Maison; il paraît qu'elle était ancienne et bien établie. *Garcias-Arnaud,* qualifié *noble et puissant homme,* ne laissa qu'une fille. Odon de

Montesquiou, fils du baron Raymond Aimery III, la demanda en mariage ; le père y consentit, sous la condition expresse que les enfants *quitteraient le nom de Montesquiou, et prendraient le nom et les armes de Massencomme.* La condition était rigoureuse ; mais Odon était cadet ; il avait dix-sept frères et sœurs ; une pareille alliance ne pouvait pas se retrouver. Il s'y soumit, et il fit bien, même dans l'intérêt de son nom. Tout le monde sait aujourd'hui que la branche de Montluc, dont il est l'auteur, appartient à la Maison de Montesquiou, quoiqu'elle n'en portât pas le nom, et c'est même la branche de cette Maison la plus illustrée. Elle posséda de grandes richesses, donna deux maréchaux de France, un évêque, trois chevaliers de l'ordre du Saint-Esprit. On la trouve alliée aux Maisons de Clermont d'Amboise, d'Estrées, de Foix, de Gontaut-Biron, de Lauzières-Thémines, de Rochechouart, de Talleyrand. Les commencements ne furent pas brillants, et n'annoncèrent pas de si hautes destinés. Odon eut deux fils, le seigneur de Massencomme et le seigneur de Montluc. La branche de Massencomme s'éteignit en trois générations. Une fille, seule héritière, porta cette terre dans la Maison de Poyanne, malgré le testament de son grand-père, qui, à défaut de descendants mâles, avait substitué la terre de Massencomme à la branche de Montluc. On demanda du moins que les enfants en gardassent le nom. Messieurs de Poyanne ont conservé cette terre. J'ai vu une lettre de l'un d'eux, datée de 1725, dans laquelle il annonce qu'il s'était toujours cru Massencomme, et par conséquent Montesquiou, avant d'avoir lu ces détails généalogiques.

Écartelé aux 1ᵉʳ et 4ᵉ d'azur au loup d'or; aux 2ᵉ et 3ᵉ d'or à un tourteau de gueules.

BRANCHE DE MONTLUC.

La branche de Montluc resta seule. Le château d'où elle tire son nom est situé sur la rive gauche de la Garonne, vis-à-vis Aiguillon. Le seigneur suzerain était le sérénissime sire d'Albret, Alain le Grand, trisaïeul de Henri IV, dont Pierre de Montluc fut *maître d'hôtel*. On ignore par quel motif son fils, Amanieu, après avoir payé les dots de ses deux filles, vendit tout son bien, hormis 1,000 livres de revenu : ce fut tout ce qu'il laissa à son fils François. Ce revenu, joint à celui de la terre d'Estillac, que lui apporta sa femme, était bien peu pour ses cinq frères et ses onze enfants. Blaise, l'aîné, se chargea seul du soin de sa fortune. A peine âgé de dix-sept ans, le récit de la guerre que François Ier soutenait contre Charles-Quint enflamma son imagination; il obtint de son père *vingt pistoles* avec *un cheval* d'Espagne, et partit pour l'Italie. Je ne raconterai point les détails de sa vie militaire : Montluc est devenu un personnage historique, et je n'écris point l'histoire. Il faut les lire dans ses Commentaires *mal polis, comme sortant de la main d'un soldat, et encore d'un Gascon, qui s'est toujours plus soucié de bien faire que de bien dire.*

Sa première campagne, où il eut cinq chevaux

tués sous lui, annonça l'intrépidité dont il donna tant de preuves et le bonheur qui ne l'abandonna jamais. Après cinquante-cinq ans de services comme soldat et comme maréchal de France, à soixante-dix ans, estropié, défiguré, il finit ses Mémoires en disant : « *Et si Dieu me prête vie, ne sais ce que ferai.* » Il servit en Piémont, en Italie, en Lorraine, sur les frontières d'Espagne, et devant Boulogne. Jamais on n'exposa plus franchement sa vie dans les petites occasions comme dans les grandes, en batailles rangées, en escarmouches, dans l'attaque et la défense des places. Le jeune duc d'Enghien, commandant l'armée de Piémont, l'envoya à Paris demander la permission de livrer bataille. Son éloquence militaire obtint le consentement de François Ier, malgré l'avis de son conseil. Il revint, et gagna la bataille de Cerisoles, en 1544, car l'aile où était M. le duc d'Enghien fut constamment battue. Sous le règne de Henri II, il défendit la ville de Sienne avec un courage héroïque, malgré la famine et les maladies ; il inspira un tel courage aux habitants que l'on vit trois compagnies de dames siennoises, organisées militairement, travailler aux fortifications ; et lorsque, réduit à l'extrémité après dix mois d'une défense opiniâtre, il permit à la ville de capituler, il n'y voulut point paraître ; il fallut qu'on le laissât sortir avec sa troupe, comme il le voulut : car, disait-il, *j'aimerais mieux être mort que de mettre jamais mon nom en de pareilles écritures.* Cette défense lui mérita l'honneur de joindre les armes de Sienne à celles de sa maison.

Les guerres de religion lui donnèrent de nouvelles occasions de montrer son courage ; malheureusement il y témoigna une cruauté dont il n'avait pas donné de marques dans les guerres étrangères. Je ne prétends point excuser de nombreuses exécutions sans jugements, ni le massacre de la garnison de Mont-de-Marsan pendant qu'on parlementait. Je dirai seulement, pour expliquer de telles rigueurs, que le parti protestant menaçait l'état des plus grands dangers ; que, particulièrement en Guyenne, leur puissance était effrayante, et qu'ils prêchaient publiquement qu'on ne devait payer que les impôts consentis par leurs ministres ; que la noblesse n'était rien, que la puissance des rois devait être limitée par la volonté du peuple. Nous avons vu de nos jours le danger de pareils principes, et l'on comprend quelle indignation ils ont dû exciter dans l'âme de Montluc, si dévoué au service du roi. Cette extrême rigueur lui paraissait donc nécessaire. Peut-être la douceur eût été plus utile, mais un homme de guerre pouvait s'y tromper. Montluc était en effet et n'était qu'un homme de guerre ; sa santé était robuste, son courage à toute épreuve ; il avait le coup d'œil prompt et vif, une activité infatigable, une prudence rarement compatible avec un caractère ardent ; il ne supportait pas que l'on se vantât aux dépens des autres : *Il sied mal*, disait-il, *de dérober l'honneur d'autrui ; il n'y a rien qui décourage tant un bon cœur.* Il ne permettait pas à ses capitaines de maltraiter les inférieurs : *Ils sont hommes comme nous*, leur disait-il, *et non pas bêtes. Si nous sommes gentilshommes, ils sont soldats.* Sa parole était inviolable, sa probité au dessus du soupçon.

Le maréchal de Montluc fut marié deux fois et eut quatre garçons, tous dignes de leur père. Marc-Antoine mourut de ses blessures. Jean fit la guerre à Malte et en France, et finit par embrasser l'état ecclésiastique. Pierre Bertrand était gentilhomme de la chambre de Charles IX ; mais le métier de courtisan n'était pas le sien, et les guerres de religion ne suffisaient pas à son caractère aventureux. Il imagina de faire une conquête sur la côte d'Afrique ; 1,200 hommes l'accompagnèrent dans cette entreprise, qu'il n'eut pas même le bonheur de commencer. Jeté par la tempête sur les côtes de Madère, il fut attaqué par les gens du pays, malgré l'alliance du Portugal avec la France. Indigné de ce manque de foi, il les attaqua à son tour et en fit un grand massacre; il fut tué dans le combat. C'était le plus distingué de tous, et le maréchal ne se consola jamais de sa mort. Son fils unique fut chevalier de l'ordre, et mourut sur le champ de bataille.

Fabien, quatrième fils du maréchal, servit long-temps sous ses ordres, et fut blessé à ses côtés; il accompagnait son frère dans la malheureuse expédition de Madère. Ce fut lui qui épousa Anne de Montesquiou, héritière de la baronnie et veuve de M. de Lupé. Trois ans plus tard, il fut tué en voulant forcer une barricade.

Adrien de Montluc-Montesquiou, son fils, hérita de la haute fortune du maréchal, son aïeul. Il fut chevalier des ordres du roi, conseiller d'état, gouverneur et lieutenant-général au pays de

Foix. Il était baron de Montesquiou, prince de Chabanais, et comte de Carmain, par sa femme, de la Maison de Foix. Adrien fit ses preuves en 1629 pour recevoir le collier. Il explique, à cette occasion, la descendance de la Maison de Montesquiou des ducs de Gascogne, qu'il dit *issus des rois de Castille et de Navarre*. Il ajoute que la maison noble de Montluc-Massencomme, dont il prend son extraction maternelle, est tombée en quenouille il y a plus de 300 ans, et a repris son nom et sa continuation dans la maison noble de Montesquiou, dont il prend son extraction paternelle, parce qu'Odon, cadet de Montesquiou, épousa l'héritière de Massencomme en en prenant le nom, *comme de telles conventions se pratiquaient lors entre bonnes Maisons*; il cite même deux des puînés de Louis le Gros, qui prirent le nom et les armes des Maisons de Dreux et de Courtenay, dont ils avaient épousé les héritières.

J'ignore pour quelle disgrâce le cardinal de Richelieu le fit mettre à la Bastille, ce qui le priva de l'honneur de recevoir le collier. En lui s'éteignit la branche des Montluc, et sa fille unique porta la baronnie de Montesquiou dans une famille étrangère, ainsi que je l'ai dit plus haut.

Un des frères du maréchal embrassa l'état ecclésiastique, et fut évêque de Valence. C'était un homme d'esprit et de savoir; il rendit de grands services à l'état pendant seize ambassades qu'il eut successivement dans tous les pays d'Europe et jusqu'à Constantinople. Le soin des affaires publiques ne lui fit pas négliger ses devoirs d'évêque; on a de lui des instructions pastorales et des sermons qui pourraient encore aujourd'hui servir de modèles.

Sévère pour la discipline, il entreprit la réforme de son église, et le doyen, à qui cela déplut, fit paraître un libelle injurieux à son évêque. Le parlement exigea la réparation à genoux ; cependant ce n'était point une calomnie : le bon évêque avait un fils naturel. La famille ne peut lui reprocher sa faiblesse, car ce fils est devenu une de nos illustrations : Jean de Montluc, légitimé dans son enfance, servit utilement le duc d'Anjou (Henri III) en Pologne, à l'époque où il fut nommé roi de ce pays. Il s'attacha à la personne du duc d'Alençon, qu'il accompagnait à la prise de Cambrai ; il en fut nommé gouverneur. Cependant on le vit plus tard embrasser le parti de la Ligue, et faire la guerre à Henri IV jusqu'au moment de son abjuration. Ce prince, si généreux envers ses ennemis, le nomma maréchal de France sous le nom de maréchal de Balagny, et le reconnut comme prince souverain de Cambrai. Cette haute fortune fut peu durable. Les Espagnols lui enlevèrent Cambrai l'année suivante ; sa femme, sœur du brave Bussy d'Amboise, en mourut de douleur. Il paraît que le maréchal regretta peu sa principauté et sa femme : il se remaria au bout d'un an avec Diane d'Estrée. Ses fils moururent tous de mort violente, à l'armée, en duel, ou par accident.

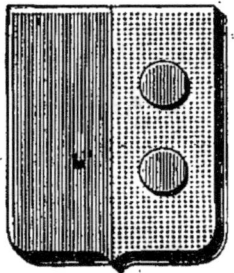

Parti au 1ᵉʳ de gueules plein ; au 2ᵉ d'or à deux tourteaux de gueules.

BRANCHE DE MARSAN.

Cette branche a été fondée par Roger, fils d'Arsieu IV, baron de Montesquiou ; elle n'eut que cinq générations, qui n'offrent point d'intérêt. Le dernier fut Jean, seigneur de Devèze (ou La Devèze), dont il portait le nom. Cette terre lui venait de sa bisaïeule. Il était chevalier de l'ordre, capitaine de cinquante hommes d'armes, et gouverneur du Rouergue. Fidèle à la cause du roi, il combattit sans relâche les huguenots et les ligueurs. Le maréchal de Montluc le vit, au siége de Gensac, en pourpoint et le coutelas au poing, enlever les barricades, et aller jusqu'aux portes. « Il n'en était pas plus sage, dit-il, car les arquebusades y étaient à bon marché. » Il fut tué par trahison, en 1591. Sa valeur téméraire était digne d'un autre sort. On l'enterra dans l'église de Marsac; ses armes furent placées dans son tombeau, et l'on y grava les inscriptions suivantes :

I.

Cy dort le sieur de La Devèze
Qui fut du dieu Mars tant aimé
Qu'après sa mort l'a désarmé
Pour reposer plus à son aise.

II.

Sous ce tombeau gît enfermé
Le fils de Mars avec ses armes,
Autant ploré de ses gens d'armes
Que fut jamais monarque aimé.

Marguerite, sa fille unique, porta les terres de cette branche dans la Maison d'Astarac : c'était une femme de vertu et de mérite. Elle fit dresser par un jésuite sa généalogie, que j'ai trouvée dans les papiers de mon père. Cette généalogie remonte aux rois de Navarre, sans indiquer leur origine mérovingienne, que l'on ne connaissait pas alors.

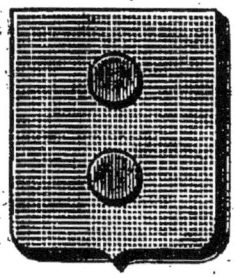

D or à 2 tourteaux de gueules

BRANCHE DE POYLOBON.

Bertrand, baron de Montesquiou, dont j'ai raconté les malheurs, laissa plusieurs enfants. L'un d'eux, Bertrand, eut en partage la terre de Poylobon, et fut l'auteur de la branche qui porte ce nom. Cette terre est située près de Montesquiou, et faisait partie de la baronnie. La branche de Poylobon a duré pendant huit générations, et s'est éteinte de nos jours. Le seul fait remarquable de leur histoire est une illustration assez fâcheuse. Marguerin de Poylobon fut condamné, en 1667, comme usurpateur de noblesse. Louis XIV, pour mettre un terme aux prétentions de noblesse qui n'étaient pas justifiées, chargea dans chaque province les intendants de vérifier les titres de toutes les familles. Par suite de cette vérification, Marguerin fut condamné pour avoir passé des baux à ferme, ce qui emportait dérogeance. Le jugement fut réformé à la requête de son fils. Ce jugement, au surplus, n'attaquait point la descendance de Messieurs de Poylobon.

Guillaume, le dernier, était chef de bataillon et chevalier de Saint-Louis. En 1777, il ajouta à son nom celui de Fezensac, comme toute la Maison de Montesquiou, et, en sa qualité de chef des nom et armes, il prit le titre de comte de Fezensac. Il n'a point laissé d'enfants, et sa femme (Marie-Louise Lomagne) a eu pour héritier M. de

Belloc, son parent, qui possède aujourd'hui la terre de Poylobon.

BRANCHES ISSUES DE BARTHÉLEMY DE MONTESQUIOU.

Observations préliminaires.

Nous avons vu qu'Arsieu IV, baron de Montesquiou, avait quatre fils (Arsieu, Bertrand, Roger et Barthélemy), qui soutenaient avec lui, contre les Anglais et les Bourguignons, la cause de Charles VII. Barthélemy, le cadet, était destiné à avoir peu de fortune. Cependant ses frères lui donnèrent en pur don la terre de Salles, en Lauraguais, qui venait de leur mère, et le domaine de Marsan, de l'héritage paternel, à la condition de payer la dot de leur sœur. Arsieu V, son frère aîné, motive ce don sur les services importants que Barthélemy lui avait rendus. Bertrand réclama les droits qui lui appartenaient sur cet antique héritage ; il les céda bientôt à son frère, à la prière de leurs amis communs. Il fut convenu que, si la descendance mâle de Barthélemy s'éteignait (*ce qu'à Dieu ne plaise*), Marsan retournerait à la Maison de Montesquiou. Barthélemy fixa son séjour à Marsan, autant que la guerre le lui permit. Il en fit hommage à Jean V, comte d'Armagnac, termina des différends qui s'étaient élevés entre lui et les consuls de ce lieu, et régla les limites entre les domaines de Marsan et de Lussan. On ne sait par quel motif Barthélemy, ainsi qu'un bâtard de son frère aîné, se livrèrent à des actes de violence contre des gens de Philippe, archevêque d'Auch, dont ils enlevèrent et déchirèrent les lettres. L'archevêque s'en prit à toute la famille, et mit en interdit la baronnie de Montesquiou. Arsieu V obtint son pardon en désavouant son frère et son bâtard, qui s'arrangèrent avec l'archevêque comme ils purent.

Barthélemy fut marié deux fois, et prit beaucoup de soin de séparer les intérêts des enfants issus de ces deux mariages. Bertrand, l'aîné du premier lit, eut la terre de Marsan, et fut chargé de payer la dot de sa sœur.

Manaud, l'aîné de son second mariage avec Anne de Goulard, eut la terre de Salles, fut chargé de payer les légitimes de ses cinq frères, et de les nourrir. De plus, son père lui ordonna de marier sa sœur Marguerite, dont il fixa la dot; et, en cas de refus, les proches parents furent chargés de la marier aux frais de Manaud.

Du reste, il exclut les femmes de son héritage, substitue la terre de Marsan à ses autres enfants, à défaut d'héritiers mâles, et successivement à ses parents paternels, pourvu qu'ils portent le nom de Montesquiou (*tamen quod sint de cognomine*).

Voici donc les noms des enfants de Barthélemy et des branches qui en sont descendues :

PREMIER MARIAGE.

Bertrand, tige de la branche de Marsan.

DEUXIÈME MARIAGE.

Manaud, tige de la branche de Salles et d'Artagnan.

Jean Gallardon, tige de la branche de Sainte-Colombe et de Saintrailles.

Mathieu, tige de la branche de Préchac.

Je commencerai par les deux dernières, qui sont éteintes.

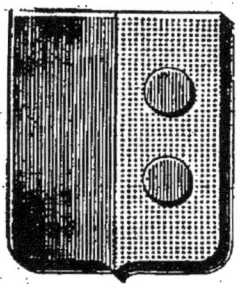

Parti au 1ᵉʳ de gueules plein ; au 2ᵉ d'or à deux tourteaux de gueules.

BRANCHE DE PRÉCHAC.

Mathieu et ses descendants eurent de longs procès avec les descendants des autres enfants du second mariage de Barthélemy. On conçoit combien, dans une famille aussi nombreuse, les droits de chacun pouvaient être compliqués. Ces procès finirent en vendant la terre de Salles, dont le prix fut partagé.

Cette branche acquit par alliance la terre de Sadriac, en Béarn, de Galias, et de Préchac, dont elle tira son nom.

On y trouve Roger, vicomte de Sadirac, lieutenant de la compagnie d'hommes d'armes du dernier connétable de Montmorency. Son mausolée est placé dans l'église de Crouseilles, en Béarn, avec des épitaphes en latin et en français, et également mauvaises dans les deux langues.

Jean-Paul, dont les biens furent confisqués par Henri IV, et donnés à Jean de Montesquiou d'Artagnan, à cause du meurtre commis sur Gabaret. On ignore les détails de cette affaire. Il paraît que Jean-Paul obtint sa grâce, car ses descendants conservèrent la seigneurie de Préchac et Galias.

Clément, abbé de Berdoues en Guyenne, où ses cendres sont réunies à celles de Montozin de Montesquiou, qui gouverna, 400 ans auparavant, cette même abbaye, enrichie par la piété de leurs ancêtres.

Enfin, Daniel de Montesquiou, seigneur de Préchac, dernier rejeton de cette branche qu'il illustra. Il servit 60 ans pendant le règne de Louis XIV, en Allemagne, en Flandre, en Catalogne ; il se distingua dans plusieurs circonstances, et reçut quatre blessures. Il passa par tous les grades, et devint commandeur de Saint-Louis, lieutenant-général et sénéchal d'Armagnac. Il mourut la même année que Louis XIV à Schelestadt, en Alsace, dont il était gouverneur. Les habitants lui firent dresser un mausolée ; l'inscription porte *qu'ils ont perdu leur protecteur et leur père.*

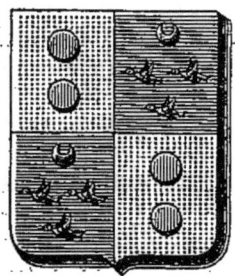

Écartelé aux 1ᵉʳ et 4ᵉ d'or à 2 tourteaux de gueules, qui est Montesquiou ; aux 2ᵉ et 3ᵉ d'azur à 3 colombes d'argent 2 et 1, et un croissant d'argent en chef, qui est Sainte-Colombe.

BRANCHE DE SAINTE-COLOMBE.

Cette branche est remarquable par la part active qu'elle a prise aux guerres de religion de la fin du 16ᵉ siècle.

Jean Galardon (du nom de sa mère Anne de Goulard) ne reçut de son père Barthélemy *que 100 écus d'or et une maison*, comme les autres puînés. Son frère cadet, *Ayssivet*, voulant entrer dans l'ordre de Saint-Jean-de-Jérusalem, lui vendit sa part d'héritage moyennant 1,200 francs. Cependant, peu de temps après, on le trouve en possession de quatre seigneuries. On ignore d'où lui vient cette fortune, et rien n'indique non plus la naissance ni le bien de sa femme. Le domaine de Gélas, où il faisait sa résidence, était dans le duché d'Albret, et le duc Jean était devenu roi de Navarre par son mariage avec Catherine de Foix. Galardon s'attacha à leur fortune et leur rendit d'importants services. Il fut nommé grand-écuyer et premier gentilhomme de la chambre du roi et de la reine, avec les *gouvernement, capitainerie et juridiction des châteaux et seigneurie d'Excideuil*, en Limousin. Cette générosité lui fut peu profitable : les habitants du pays l'inquiétèrent dans sa possession, et le roi lui donna en dédommagement un gouvernement plus paisible. Les brevets parlent *de ses vertus et qualités, des agréables services qu'il ne cesse de rendre au roi et à la reine, des grands frais qu'il a soutenus pour leur cause.* Gallardon n'eut qu'un fils, nommé Imbert, auquel il laissa son bien en lui substituant son frère *Mathieu* de Montesquiou-Préchac. Ses exécuteurs testamentaires furent ses neveux Antoine de Montesquiou-Marsan, Paul de Montesquiou-Artagnan. Antoine, quoique descendant d'une autre mère, jouissait de toute la confiance de son oncle; c'était son procureur-fondé pour gérer ses affaires. On aime à remarquer, à cette époque, l'union qui existait entre les différentes branches de cette maison. C'était la récompense du soin que Barthélemy, leur aïeul commun, avait pris des intérêts de tous ses enfants.

Imbert servit Henri d'Albret, roi de Navarre. Il épousa l'héritière de Sainte-Colombe, terre située près d'Agen. Ses descendants en portèrent le nom, soit que cela eût été convenu, soit plutôt par l'usage commun de porter le nom de sa seigneurie.

Il laissa trois fils, qui formèrent chacun une branche, Jean, Antoine et Bernard.

Jean était gentilhomme et écuyer du roi de Navarre, et colonel au service de France. On voit, par des lettres de Charles IX au parlement, que *le capitaine de Sainte-Colombe était journellement occupé à son service, tant au fait de ses guerres, sous la charge du roi de Navarre, son oncle, que pour raison de son état de gentilhomme servant.* Les guerres de religion venaient d'éclater. Le roi de Navarre, Antoine de Bourbon, resta fidèle au parti catholique, et ne craignit pas de combattre le prince de Condé, son propre frère. Jean de Sainte-Colombe l'accompagna dans cette première campagne, et fut tué à ses côtés au siége de Rouen. Peu de temps auparavant, il venait de faire son testament *à cause des dangers de la guerre.* Charles IX, pour récompenser ses services, fit don à sa veuve, et à l'enfant dont elle était enceinte, d'un héritage qui venait d'être adjugé au roi, à défaut de parents ; il les exempta de la contribution pour le ban et arrière-ban.

Le roi de Navarre fut tué lui-même au siége de Rouen ; et la reine Jeanne d'Albret embrassa avec ardeur le parti de l'hérésie. *Antoine* de Sainte-Colombe, frère de Jean, ne crut pas, comme Français et comme catholique, qu'il lui fût permis de servir une semblable cause ; il quitta la reine de Navarre, et s'attacha au duc d'Anjou, qui le fit lieutenant de ses gendarmes. On dit que ce fut lui qui tua le prince de Condé à la bataille de Jarnac. J'ai expliqué mes raisons d'en douter. Quoi qu'il en soit, peu de temps après, Antoine fut surpris dans Orthès par le maréchal de Montgommery. La capitulation portait que la garnison aurait la vie sauve. Antoine fut massacré au mépris de cette capitulation. *C'était un sujet de la reine de Navarre,* disait-on ; *sa trahison ne méritait pas de pitié.*

Henri IV, roi de Navarre après la mort de sa

mère, et, comme elle, attaché à l'hérésie, se vit en butte aux fureurs de la ligue, à laquelle Henri III avait la faiblesse de s'associer. Tous les protestants, et même plusieurs seigneurs catholiques, se joignirent au roi de Navarre. De ce nombre fut le jeune *François* de Sainte-Colombe, seigneur de Faget par sa mère. C'était le fils posthume de Jean, tué au siége de Rouen. Henri IV n'oublia jamais le fils du fidèle serviteur du roi son père, et honora toujours François de son amitié. Les lettres suivantes en sont la preuve; elles sont écrites de la main de Henri IV, pendant la guerre que ce prince soutint contre la ligue avant sa réconciliation avec Henri III.

1re LETTRE.

« *Faget, puysque les ennemys ont ataqué Mayllessy, j'ay résolu de le secouryr avec ma cavalerye : pour ce venez vous en avec vos armes, et amenez aussi Bonnyères afyn d'être de la partye; mays lessez votre besongne encommencée entre les mayns du capitaine Sainct-Georges et Landebry, et leur recommandes d'y fere travailler fort soigneusement.*

» *A Dieu, Faget; votre bien bon mestre et amy.*

» *Signé* HENRY.

» P. S. *Ramenes aussy mes gardes.* »

2ᵉ LETTRE.

« *Faget, je m'en vay avec mon armée joyndre les troupes de* M. *de Montmorency pour secourir les troupes de Brugnerolles. Je te prie que je te trouve prest et accomodé, qu'yl ne faille que mettre le pyed à l'estrier; et averty les amys pour estre de la partye. Je seray samedy à Carmayn.*

» *Vostre meylleur mestre et affectionné amy.*

». *Signé* Henry. »

» P. S. *Grand pendu, j'iray taster de ton vyn en passant.* »

Vers le même temps, le prince Henri de Condé lui écrit pour le prévenir que la *montre se fera en robes* (c'est la parade en grande tenue), et termine sa lettre en le *suppliant de le conserver toujours en l'honneur de ses bonnes grâces.*

Cette guerre n'offrit d'important que la bataille de Coutras, gagnée par le roi de Navarre. Les embarras de Henri III augmentaient chaque jour avec son irrésolution et sa faiblesse. On a peine à reconnaître en lui le vainqueur de Jarnac et de Moncontour.

Tel brille au second rang qui s'éclipse au premier :
Il devint lâche roi d'intrépide guerrier.

Les états de Blois furent assemblés. Le duc de Guise s'y montra en maître, et Henri III crut n'avoir d'autre ressource que de le faire assassiner lui et le cardinal son frère. La ligue éclata alors avec plus de fureur que jamais; au milieu de ce désordre général, le roi de Navarre, qui s'était tenu en repos depuis la bataille de Coutras, reprit les armes pour combattre le duc de Nevers, qui commandait en Poitou. Il rappela auprès de lui ses fidèles serviteurs, et écrivit à Faget :

« *Ryssouse m'a dit que vous vous portez bien en maryage. J'ay esté byen ayse d'avoyr sceu de vos nouvelles. Contynuez la volonté que vous m'avez tesmoygnée. Les ennemys sont près de* nous. M. de Nevers se veult faire battre. Je te renonce sy tu ne vyens, mays je dys bientôt : car il ne se présentera oncques de plus belles occasyons.

» A Dieu, Faget.

» Vostre meylleur mestre et plus affectionné amy.

» Signé HENRY.

» P. S. Sy vous ne venez, je vous pendray. »

La guerre se fit mollement. Les deux rois sentaient la nécessité de se réunir contre la ligue, leur ennemie commune. Des négociations furent entamées. Henri III chercha à gagner l'affection des principaux seigneurs qui suivaient le roi de Navarre; dans une lettre adressée au commencement de 1589 au baron de Faget, S. M. lui mandait « *qu'elle croyait que l'exemple de la rébellion de nouveau suscitée en son royaume ne l'ébranlerait pas en sa fidélité, mais au contraire l'y fortifierait davantage, et qu'elle espérait qu'il voudrait bien s'employer à la réprimer sous la conduite des chefs qui seraient désignés.* » Faget n'était pas capable de traiter séparément pour son compte. Il resta fidèle au roi de Navarre et ne fit sa soumission qu'avec lui. Peu de temps après il reçut de Henri III une gratification de 400 écus. Le connétable de Montmorency-d'Anville, en la lui envoyant, regrette de ne pouvoir faire plus à cause *de la nécessité des affaires.*

Henri IV monta sur le trône. Le baron de Faget continua de le servir, et eut la douleur de lui survivre.

Antoine de Sainte-Colombe, son oncle, dont j'ai raconté la fin tragique, laissa deux fils. Henri IV ne se souvint plus que leur père avait combattu les protestants, soit par la générosité naturelle à son noble caractère, soit qu'en dévenant roi de France et catholique il crût politique de récompenser les services rendus aux rois ses prédécesseurs. L'aîné, *Jean-François*, fut sénéchal de Béarn, conseiller du roi, gentilhomme ordinaire de la chambre, sous-lieutenant de la compagnie d'hommes d'armes.

Jean-Jacques, le cadet, fut nommé capitaine aux gardes françaises. Il était le plus ancien du régiment à la mort de Henri IV ; et, comme le lieutenant-colonel était absent, ce fut lui qui commanda le régiment, et qui prit, dans cette grave circonstance, toutes les mesures nécessaires pour prévenir les désordres que pouvait causer l'explosion de la douleur et de l'indignation publiques. Nommé lieutenant-colonel la même année, il continua de commander le régiment des gardes françaises, et mourut en 1641, à quatre-vingt-quatre ans, après soixante-quatre ans de services pendant les règnes de Henri III, Henri IV, et Louis XIII. Il avait été vingt-trois ans capitaine, et trente et un lieutenant-colonel : exemple à citer aux officiers qui se plaignent aujourd'hui de la lenteur de l'avancement. Sur la fin de sa vie il était tombé en enfance, et il y avait bien de quoi. Sa postérité s'éteignit à la génération suivante. Celle du baron de Faget, son cousin, s'est perpétuée jusqu'à nos jours sous son nom originaire de Sainte-Colombe. On ne voit pas qu'ils aient fait rien de remarquable pendant les règnes de Louis XIV et de Louis XV. Les derniers étaient deux frères, qui habitaient la terre d'Algans, en Languedoc, et vivaient dans une grande union. L'aîné, colonel de carabiniers, avait passé sa vie au service, et ne se maria point. Le cadet eut un fils, qu'on voulut placer dans les gardes du corps. Le marquis de Montesquiou, protecteur de toute sa Maison, s'y intéressa ; mais la mauvaise conduite de ce jeune homme, son peu d'éducation, sa tournure, et sa taille ridicule (de 4 pieds 10 pouces), empêchèrent son admission. Il entra dans un régiment d'infanterie, et mourut aux colonies, peu d'années avant la révolution. Triste fin d'une branche aussi honorable!

Écartelé au 1ᵉʳ de gueules plein, au 2ᵉ d'argent au lion de gueules ; au 3ᵉ d'or à deux tourteaux de gueules, au 4ᵉ d'argent à la croix de gueules.

BRANCHE DE SAINTRAILLES.

Jean Gallardon, fils de Barthélemy, et fondateur de la branche de Sainte-Colombe, eut un troisième fils, appelé *Bernard*. Il suivit le parti du roi dans les guerres de religion. Il était écuyer du roi, capitaine, et puis mestre-de-camp des vieilles bandes françaises, et gouverneur de la citadelle de Metz. Il fit presque toujours sa résidence en cette ville, et ne prit point de part aux troubles de la Guyenne; cependant il s'intitule *capitaine des gardes du roi de Navarre,* titre vraisemblablement sans fonctions; je suppose que Henri le lui conserva par égard pour le dévoûment de son frère et de ses neveux. Sans doute il pensait aussi que le roi de Navarre serait un jour roi de France. Lorsque cet espoir fut réalisé, on sait avec quelle faveur il traita ses anciens ennemis. Bernard fut nommé chevalier de l'ordre.

Il épousa l'héritière de Saintrailles. On ne doit pas confondre ce domaine avec la terre de Saintrailles, près de Montesquiou, dont les premiers barons de ce nom furent seigneurs. La terre de Saintrailles dont il s'agit ici est située dans le Condomois; elle fut donnée par Charles VII à Jean Poton, qui devint maréchal de France sous le nom de maréchal de Saintrailles, et qui n'eut point d'enfants. Cette terre passa successivement dans différentes familles, et enfin dans celle de Chamborel, dont l'héritière la porta à Bernard de Montesquiou.

La branche de Saintrailles s'est peu illustrée, et les seigneurs de ce nom dépassèrent rarement le grade de capitaine. Ils eurent presque tous une nombreuse famille, et, quoique l'on eût le soin de conserver aux aînés le principal domaine, et que souvent, par testament, les parents destinassent impitoyablement plusieurs filles au couvent, la fortune diminua de plus en plus par la quantité de légitimes qu'il fallait donner. Vers le milieu du dix-huitième siècle, Jean-Jacques, marquis de Saintrailles, veuf, sans enfants, de mademoiselle de Rochechouart, épousa par amour, à plus de cinquante ans, mademoiselle de Sabran. Après la mort de son mari, elle eut un long procès avec ses beaux-frères et belles-sœurs. Ce procès acheva la ruine de cette Maison. La terre de Saintrailles passa dans des familles étrangères. La branche de ce nom subsista encore dans des rameaux collatéraux, dont le dernier rejeton était curé de la petite ville d'Amade, peu avant la révolution.

BRANCHE D'ARTAGNAN.

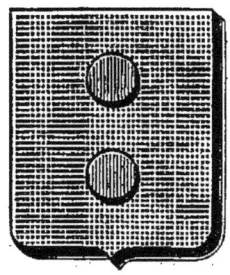

D'or à 2 tourteaux de gueules.

Chapitre 6.

BRANCHE D'ARTAGNAN.

Manaud fils aîné, du second mariage de Barthélemy, reçut en partage la terre de Salles; et Bertrand, l'aîné du premier, celle de Marsan. Pour se conformer aux intentions de leur père, ils confirmèrent ce partage et s'abandonnèrent mutuellement les droits qu'ils avaient chacun sur le domaine de l'autre. Le seigneur de Salles et le seigneur de Marsan restèrent donc complétement indépendants l'un de l'autre.

Manaud accomplit les volontés de son père en payant les légitimes de ses cinq frères et sœurs; et un arrêt du parlement de Toulouse termina quelques difficultés qui s'étaient élevées entre eux. Il s'établit au château de Salles et y exerça ses droits seigneuriaux. On trouve un acte par lequel il autorise une vente entre deux habitants de Salles, moyennant un droit annuel de deux setiers de blé, deux poules et un demi-écu. L'acte est passé pardevant notaire. L'étude était en plein air, au pied d'une croix.

Cette terre de Salles sortit bientôt de la Maison. *Jean*, fils aîné de Manaud, en prit possession, et après lui son fils *François*. Celui-ci mourut sans enfants, et laissa sa fortune à ses deux sœurs et à leurs fils. L'un d'eux, Bernard de Pontaut, eut la terre de Salles à la condition d'ajouter à son nom celui de Montesquiou. Il vendit cette terre, et soutint de longs procès pour la succession de François.

Paulon, second fils de Manaud, avait vendu ses droits sur la terre de Salles, et ne prit point part aux procès qui divisèrent ses parents. Cette branche, à peine créée, paraissait devoir tomber dans la misère. Le domaine de Salles, seul héritage de Manaud, venait de passer dans une famille étrangère. Paulon restait seul, sans fortune; il sut s'en créer une. Écuyer de Henri d'Albret, roi de Navarre, il le servit fidèlement et en reçut 3000 *écus petits*. Il épousa Jacquette, héritière d'Artagnan, en Bigorre; tous deux achetèrent les droits que Mme de Saint-Paul, belle-sœur de la dame d'Artagnan, avait sur cette terre : *car elle était elle-même une noble dame qui voulait vivre sans débat.*

De son côté, Paulon donna à sa femme 3,000

livres, qu'il porta ensuite à 6,000 livres *pour cause d'amour;* et le style des notaires du seizième siècle explique cette cause plus naïvement encore. L'amour était réciproque et désintéressé, car Jacquette, en mourant sans enfants, laissa toute sa fortune à son mari. C'était enrichir une femme et une famille étrangères : en effet, Paulon se remaria quelque temps après. Sa seconde femme, Claude de Tersac, avait aussi quelque fortune. Elle eut un fils et une fille, et employa le temps de son veuvage à s'occuper de leurs intérêts; elle les maria, et mourut en laissant à sa fille 333 écus d'or et un tiers, des legs à ses petits-enfants, et sa fortune à son fils. Elle fut enterrée, selon son désir, dans l'église d'Artagnan, auprès de son mari, et *comme il appartient à damoiselle de sa qualité.*

Le deux mariages de Paulon commencèrent la fortune de la branche d'Artagnan. On a conservé l'acte du *jurement de fidélité* que lui prêtèrent les habitants de ce lieu. Ce fut sous un orme, où le comité tenait conseil, que le seigneur et les vassaux réunis, les genoux en terre et le bonnet hors de la tête, la main posée sur le *Missel*, ouvert au *Te igitur*, avec l'image de la croix, jurèrent, l'un de se conduire envers les habitants comme un *vrai seigneur feudal doit faire*, les autres individuellement de se porter envers lui *bons et vrais sujets, vassaux*.

Jean, fils de Paulon, était enseigne aux gardes françaises. Henri IV, content de ses services, lui fit un don qui ne lui coûta rien. Les biens d'un Montesquiou de Préchac venaient d'être confisqués, à cause d'un meurtre qu'il avait commis. Le roi les lui donna; c'était cependant son cousin issu de germain (1). Il faut convenir que, dans notre siècle si décrié, un pareil don serait diffi-

---

(1) Il était petit-fils de Mathieu et Jean petit-fils de Manaud, tous deux fils de Barthélemy.

cile à offrir et à accepter. Rien n'indique que Jean le refusa ; il est possible qu'il y ait eu par la suite un arrangement, car les descendants du sieur de Préchac paraissent avoir conservé leurs biens.

Jean épousa mademoiselle de Bazillac, qui lui apporta en dot la terre de Barbachin pour mille écus d'or, et mille écus en numéraire. Elle avait 200 écus d'or *pour ses accoutrements*.

Ils eurent sept fils et quatre filles, que le père prit soin d'établir convenablement. Prêt à partir pour faire un *voyage en Court*, où l'appelait son service dans les gardes françaises, il fit son testament, *afin*, dit-il, *qu'entre ses enfants n'y ait procès*. Il laisse 5,000 l. à une fille mariée, 4,600 livres aux autres, quand elles trouveront *leur parti de mariage*; autant à chacun des garçons. Il nomme l'aîné son héritier, en lui substituant l'aîné des survivants.

Arnaud et Henri eurent seuls des enfants. Arnaud nomma sa femme son héritière, en la priant seulement de conserver l'héritage à leur fils unique.

Henri épousa la sœur du maréchal de Gassion. Il fut gouverneur au château de Montaner, en Béarn, et lieutenant de roi au gouvernement de Baïonne.

Les enfants de ces deux frères eurent une carrière brillante, et commencèrent l'illustration de leur branche.

Joseph, fils d'Arnaud, devint lieutenant général et capitaine de la première compagnie des mousquetaires.

Pierre, fils de Henri, fut le maréchal de Montesquiou.

Tous deux commencèrent à servir dans les mousquetaires, où leur nom était déjà connu. Françoise de Montesquiou, leur tante, épouse de M. de Baatz, eut un fils qui prit le nom d'Artagnan, auquel il n'avait aucun droit, mais qu'apparemment il préférait à celui de son père. C'était un homme distingué ; il servit d'une manière brillante. Honoré des bontés de Louis XIV, il était capitaine commandant de la première compagnie des mousquetaires quand il fut tué en 1673. Ses enfants furent filleuls du roi et de M. le Dauphin, et continuèrent à servir toujours sous le nom d'Artagnan. M. de Baatz accueillit dans sa compagnie de mousquetaires ses jeunes cousins, les véritables Artagnan, et leur fit faire leurs premières armes. Je n'entrerai point dans le détail de leur brillante carrière : pour en faire le récit, il faudrait raconter toutes les guerres de Louis XIV Joseph servit pendant cinquante-six ans, il fut présent à seize siéges, à neuf combats et à trois batailles. Simple mousquetaire à la belle campagne de Hollande en 1672, il fut lieutenant général en 1702, et servit en cette qualité pendant toute la guerre de la succession. Louis XV commença son règne en lui donnant la première compagnie de mousquetaires, qui, cette fois, fut commandée par un véritable Artagnan. Il reçut le cordon bleu, et fit ses preuves de descendance des comtes de Fezensac.

La carrière de son cousin fut bien plus distinguée encore. Pierre de Montesquiou commença par porter le mousquet dans une compagnie de cadets en 1665. Sa valeur le fit distinguer en Flandre et en Franche-Comté ; il passa dans le régiment des gardes, où il obtint tout son avancement. Il devint successivement capitaine, major, colonel, inspecteur d'infanterie, maréchal-de-camp. Il fut blessé sous les yeux du grand Condé à la bataille de Sénef. Il fit en Alsace la campagne de 1675, dernier triomphe de M. de Turenne. Il se distingua aux siéges de Valenciennes et de Courtrai. Il était à Fleurus, à Steinkerque, à Nerwinde.

Pendant la paix il s'occupait d'inspections, de règlements militaires et de nouvelles manœuvres.

Le roi travaillait directement avec lui et l'honorait de ses bontés particulières.

Après le traité de Riswic, il fut nommé lieutenant général et quitta le régiment des gardes. Il commanda pendant plusieurs années l'armée cantonnée en Flandre. Bientôt la guerre de la succession d'Espagne lui fournit de nouvelles occasions de se distinguer. Personne ne rendit à l'état plus de services que lui pendant le cours de cette malheureuse guerre. Il entreprit malgré tous les généraux l'attaque de la ville de Dielst, dont il répondit sur sa tête, et l'enleva l'épée à la main. A Ramillies, à Audenarde, à Malplaquet, l'aile qu'il commandait fut toujours victorieuse, et ce fut encore lui qui protégea la retraite de l'armée en arrêtant la poursuite de l'ennemi.

Le roi récompensa ses services en le nommant maréchal de France. Le comte d'Artagnan jugea avec raison que c'était le moment de reprendre le nom de sa Maison : il résolut de s'appeler le maréchal de Montesquiou. M. le Duc (fils du grand Condé) l'apprit et trouva fort mauvais qu'on osât porter un nom qui rappelait l'assassinat du prince de Condé, son cinquième aïeul. Il s'en expliqua publiquement et annonça l'intention d'insulter le maréchal de Montesquiou quand il le rencontrerait. Le maréchal, à qui ces propos furent rapportés, dit qu'il n'en croyait rien, et qu'il irait librement partout, sans s'occuper de rencontrer ou non le prince de Condé. Il ne fut plus question de cette affaire. C'était une singulière prétention et une grande rancune pour un événement passé depuis cent quarante ans.

Peut-être eût-on fait sagement de donner au maréchal de Montesquiou le commandement de l'armée de Flandres; le maréchal de Villars fut préféré et Montesquiou employé sous ses ordres. Les circonstances devenaient de plus en plus critiques : il fallait combattre, et la perte d'une bataille entraînait la ruine de l'état. Montesquiou crut avoir trouvé le moment favorable; mais ce n'était point l'avis de Villars. Le nouveau maréchal osa écrire au roi directement, malgré le danger d'avoir raison contre son chef. Le roi lui répondit d'agir hardiment, en ménageant l'amour-propre du général. Montesquiou, fort de cette assurance, livra la bataille de Denain, et la gagna sans le maréchal de Villars, et presque malgré lui; le lendemain il s'empara de Marciennes. On sait que ces deux succès renversèrent les projets du prince Eugène et sauvèrent la France. Villars s'en attribua l'honneur; Montesquiou eut la sage modestie de ne pas s'en plaindre, et sa gloire ne fit qu'y gagner.

Pendant la minorité de Louis XV, il commanda quelque temps en Bretagne, et fut chargé de tenir les états de la province; il fut ensuite appelé au conseil de la régence, et enfin nommé chevalier de l'ordre.

Pendant sa longue carrière, il se trouva à dix

huit batailles ou combats et à vingt et un siéges, sans compter douze actions où il commanda en chef.

Le maréchal de Montesquiou avait un frère ecclésiastique et deux mariés, Henri et Antoine ; il nomma l'aîné de ses neveux son légataire universel avec substitution, et donna des legs à tous les autres. Il voulut être enterré sans nulle cérémonie.

Les enfants d'Antoine moururent sans postérité ; celle de *Henri* subsiste encore aujourd'hui. Il épousa Mlle de Fortaner, qui lui apporta la terre de Moncaup. Il ne paraît pas qu'il ait été au service ; on ne le trouve occupé que de ses affaires personnelles et de l'établissement de sa nombreuse famille. Il laissa quatre filles religieuses, deux mariées, et trois garçons dignes du maréchal leur oncle (Louis, Pierre et Paul).

Louis servit dans la marine au commencement de la guerre de la succession. Il eut ensuite un régiment d'infanterie, et fit toutes les campagnes jusqu'à la paix. Il devint brigadier et sous-lieutenant dans les mousquetaires ; il épousa Mlle de Berghes, princesse de Raches, à condition d'ajouter à son nom ce dernier titre. Le prince de Raches mourut sans enfants et laissa sa fortune à son frère cadet. Ce n'était pas l'usage ; mais Paul, l'aîné, était déjà l'héritier du maréchal leur oncle.

Paul, comte d'Artagnan, servit avec distinction dans les deux dernières guerres de Louis XIV, d'abord comme officier des gardes françaises, et puis comme colonel et brigadier ; il était à Fleurus, à Steinkerque, à Nerwinde et à Denain. Il fut blessé, et resta quatre ans prisonnier de guerre. Le maréchal ne pouvait pas mieux choisir son fils adoptif. Il épousa Mlle Filleul, fille d'un secrétaire des finances. L'alliance n'était pas brillante, pas même très riche. Mlle Filleul apporta 300,000 fr. en mariage ; et ses deux fils purent à peine retrouver ce capital dans la succession de leur père, soit qu'il ait été dissipateur, soit que la manière ruineuse de faire la guerre en ce siècle eût dérangé sa fortune.

Joseph, son fils aîné, comte d'Artagnan, était un homme bizarre, de mauvaises mœurs ; son cerveau était dérangé. Il resta peu de temps au service et se retira au château d'Artagnan, où il se noya volontairement en 1797.

Le cadet, appelé le chevalier d'Artagnan, servit dans les gardes françaises ; il commandait une compagnie de grenadiers dans ce corps, et était chevalier de l'ordre de Saint-Lazare. Je l'ai connu dans ma jeunesse. Sa figure était agréable, ses manières polies. Il paraissait fort attaché à sa famille et à son nom. Malheureusement les excès de sa jeunesse avaient détruit sa santé. Il était accablé de goutte et de rhumatismes, et marchait entièrement courbé. Ce fut le dernier du nom d'Artagnan.

Pierre, dernier fils de Henri, prit le nom de comte de Montesquiou ; c'est l'auteur de la branche qui subsiste aujourd'hui. Fidèle aux exemples des Artagnan, il servit dans les mousquetaires et y obtint tout son avancement. Il se distingua dans les guerres de Louis XV, et fut nommé lieutenant général et gouverneur du fort Louis du Rhin. Les brevets qui lui furent expédiés témoignent *de sa valeur, de sa capacité, de son activité et de son zèle.* Il épousa Mlle Bombarde de Beaulieu en 1739. C'est pour la première fois que le contrat est passé en présence du roi et des princes. La naissance était peu considérable ; la dot fut de 372,900 francs. Leur fils unique, Anne-Pierre, marquis de Montesquiou, avait quinze ans à la mort de son père, qui lui laissa sa fortune, en lui permettant d'en disposer et en lui recommandant le respect et la soumission qu'il devait à une mère tendre, *qui lui donnera,* dit-il, *de bons conseils pour sa fortune et pour sa conduite dans le monde* : jamais éloge ne fut mieux mérité.

Je parlerai du marquis et de ses descendants en écrivant l'histoire de mes parents de la branche de Marsan.

BRANCHE DE MARSAN.

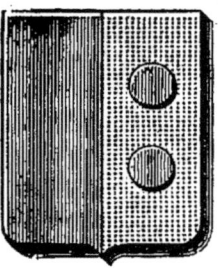

Parti au 1ᵉʳ de gueules plein ; au 2ᵉ d'or à deux tourteaux de gueules.

Chapitre 7.

BRANCHE DE MARSAN.

La branche de Marsan est moins illustrée que toutes celles dont je viens d'écrire l'histoire. On n'y trouvera point, comme chez MM. de Montluc et d'Artagnan, des maréchaux de France, des lieutenants généraux, des chevaliers du Saint-

Esprit; on n'y lira point, comme dans l'histoire de MM. de Sainte-Colombe, le récit de faits d'armes intéressants et de part importante prise à nos désordres civils. Ici les services militaires n'ont rien de remarquable; les grades s'élèvent rarement au dessus de celui de capitaine. Les alliances n'ont lieu qu'avec de simples gentilshommes des environs; la fortune est bornée. Mais cette branche est la mienne, et c'est l'histoire de ma famille que j'écris : j'en parlerai donc avec autant de détail que des autres. Mon père, et surtout l'abbé de Montesquiou, mon oncle, l'ont fait sortir de son obscurité. On jugera mieux ce que leur race doit à leur mémoire, en voyant ce qu'étaient leurs ancêtres, et ce qu'ils ont été (*I*).

J'ai dit que *Bertrand*, fils unique du premier mariage de Barthélemy, eut en partage la seigneurie de Marsan, et Manaud, l'aîné du second mariage, celle de Salles. Leur père, fort occupé de prévenir, après sa mort, toute discussion entre ses enfants, voulut que, dès son vivant, les deux frères reconnussent ce partage, et renonçassent mutuellement à tous les droits que Manaud pouvait avoir sur la terre de Marsan, et Bertrand sur celle de Salles. Cette double renonciation fut renouvelée authentiquement après la mort de leur père, et Bertrand racheta les droits que sa belle-mère pouvait prétendre sur Marsan : ces deux actes consacrèrent à jamais la séparation des deux branches.

Barthélemy, leur père, devait sa fortune à la générosité de ses frères Arsieu V, et Bertrand, alors baron de Montesquiou. Le seigneur de Marsan se montra reconnaissant envers son oncle. Lorsque ce vieillard fut arraché, par l'autorité de Louis XI, à la prison dans laquelle le retenait le comte d'Armagnac, Bertrand de Marsan lui rendit tous les soins qu'il devait au frère de son père, à son bienfaiteur, au chef de sa maison, à un vieillard malheureux. Il était présent au mariage de ses cousines, Agnès et Isabeau, avec les seigneurs de Forces et de la Cassaigne; Jeanne, son autre cousine, fille d'Arsieu VI, eut recours à lui pour l'aider à recueillir les droits qu'elle avait à la succession de son père. Orpheline, à peine âgée de 20 ans, sa personne et son bien avaient besoin d'un protecteur. L'autorité du roi la confia à son vieux oncle dans le château de Montesquiou, et son cousin de Marsan, chargé de sa procuration, s'occupa de sa fortune avec le zèle le plus désintéressé. Après la mort du baron de Montesquiou, Bertrand donna les mêmes marques d'attachement à ses enfants. Il réconcilia Jean, l'aîné, avec ses frères Amadon et Bertrand (de Poylobon), en interposant sa médiation pour prévenir les procès qui allaient avoir lieu entre eux ; enfin, pendant quinze ans, aucun arrangement de famille ne fut conclu au château de Montesquiou sans l'assistance du seigneur de Marsan.

La baronne douairière (Gaussionde de Castelbajac) lui témoigna sa reconnaissance, en lui laissant un legs dans son testament. Elle avait sept enfants, mais un pareil neveu pouvait passer pour le huitième.

Bertrand vendit pour 40 écus d'or la terre de Daignan, voisine de Marsan, qui fut rachetée par mon grand-père en 1760. Il fut marié deux fois. Sa seconde femme, Gabrielle de Belcastel, eut pour dot 12 fois 200 livres, des habits de noce *faits à sa taille, et des joyaux honnêtes*, selon le style naïf de l'époque. Il laissa par son testament 100 écus à chacun de ses enfants puînés, ordonna de marier ses deux filles selon les facultés de son héritier, au dire de leurs parents et amis. Du rest, imitant l'exemple de Barthélemy, son père, et presque dans les mêmes termes, il laissa tout son bien à son aîné, et, en cas d'extinction, aux cadets ou autres parents paternels *de nom et armes*.

En vertu de ce testament, *Pierre*, son troi

sième fils, lui succéda par la mort de ses deux aînés. Il se montra jaloux de ses droits : les habitants de Marsan ayant négligé de payer exactement les redevances qui lui étaient dues, il s'empara d'une maison qui leur appartenait, et ne consentit à la rendre qu'après en avoir été payé et avoir obtenu la promesse de plus d'exactitude à l'avenir. Il vendit et racheta ensuite à son oncle paternel, Mathieu (tige de Préchac), la terre de Leyssaux, donna la Bordeneuve à son frère, curé de Castillon, en échange de ses droits. Gaillarde, sa tante, mourut fille au château de Marsan, et le fit son héritier. Sa femme, Annette de Lupé, eut en dot 800 écus petits; on ajoute qu'elle avait deux robes, dont *une de damas, et la cotte de satin.*

Pierre eut deux garçons; il donna la seigneurie de Marsan à François, l'aîné, et une somme d'argent à *Jean*, le cadet. On ne sait point quelle était cette somme; mais il paraît qu'elle était assez considérable : car il en résulta de longues discussions entre les deux frères. Pour les terminer, François donna à Jean, en paiement de sa légitime, la maison de la Serre, appelée *l'Hostellerie*, voisine de Marsan, la justice qui en dépendait, 5 écus petits de droits annuels dus par les paysans, enfin 50 écus petits et 12 sacs de blé. Ces arrangements convenaient à Jean, qui n'avait point d'établissement, non plus que sa femme, dont la dot fut payée en argent. Toutefois cet établissement ne parut pas lui suffire, et le dérangement de ses affaires le força de vendre successivement à son frère aîné presque tout ce qu'il possédait, en stipulant, cependant, la faculté de rachat. Lorsque, plus tard, il lui fut permis de réclamer cette faculté, François eut la mauvaise foi de s'y refuser. Ce refus allait causer un nouveau procès, lorsque des seigneurs du voisinage, amis communs, firent sentir au seigneur de Marsan son injustice envers son frère, et obtinrent de lui d'exécuter leurs conventions, et de lui rendre son bien. Les deux frères moururent presque en même temps. Jean laissa huit enfants, et François une fille unique, Jeanne, mariée à Antoine de Savère. Son père lui laissa toute sa fortune, et par conséquent la terre et seigneurie de Marsan, soit par tendresse pour sa fille, soit par manque d'intérêt pour les enfants d'un frère avec lequel il avait mal vécu.

Bertrand II, l'aîné des enfants de Jean, réclama contre cette disposition. Comment la terre de Marsan, cet antique domaine des barons de Montesquiou, devenait-elle l'apanage d'une fille pour passer dans une famille étrangère? Était-ce donc là l'intention de Bertrand, leur bisaïeul, si attaché à sa maison; de Barthélemy, fondateur de leur branche; enfin de tous leurs ancêtres, soigneux d'exclure les filles de leur succession? Il était l'aîné de quatre frères et d'autant de sœurs, et c'était à lui qu'on préférait sa cousine, fille unique ; et qui était passée dans une autre famille. Mme de Savère soutint la validité du testament de son père. Pierre, leur aïeul commun, avait laissé Marsan à François, son père ; mais il n'avait point désigné de substitution en cas d'extinction de la ligne masculine : François avait donc été maître de disposer de ses domaines. Il ne devait rien à son frère ni à ses neveux, et quel emploi plus juste et plus naturel pouvait-il faire de sa fortune que de la laisser à sa fille unique ? Ces raisons étaient sans réplique. Le parlement de Toulouse les accueillit et adjugea irrévocablement à Mme de Savère le château et le domaine de Marsan. Cet événement devait amener la ruine de cette branche, qui n'était qu'à la troisième génération. Bertrand de Montesquiou, réduit au modique domaine de la Serre, fut forcé de renoncer à l'antique demeure de ses pères. Trop voisin de Marsan, il avait la douleur de voir à chaque instant les tours de ce château possédé par des étrangers, et peut-être pour toujours. Cependant il ne perdit pas courage, et s'occupa d'améliorer sa position. Le modeste château de la Serre fut réparé et agrandi ; on y construisit une chapelle, quoique la paroisse demeurât toujours à Marsan, et que Bertrand voulût y être enterré *près de ses ancêtres*.

Sa femme lui avait apporté 2,000 livres de dot, et, par contrat de mariage, il avait donné tout son bien à son premier enfant mâle, ne se réservant que l'usufruit.

Il se remaria avec la veuve du seigneur de Serre-Soubessens, et, comme il ne pouvait plus rien faire pour ses autres enfants, il chargea ses parents et amis de fixer leur légitime selon les facultés de l'aîné. Le temps l'avait réconcilié avec sa cousine : car le nouveau seigneur de Marsan, Antoine de Savère, assistait à son mariage, ainsi que Jean d'Esparbès, et Jean de Labarthe, sieur d'Arnès (1).

Bertrand était maréchal-des-logis d'une compagnie de cinquante lances. Il assista en cette qualité en 1573 au siége de La Rochelle, sous les ordres du duc d'Anjou; siége mémorable où les huguenots soutinrent neuf assauts avant de capituler. Fabien de Montluc, devenu baron de Montesquiou par son mariage, commandait cette compagnie (*K*).

Bertrand eut deux fils de son premier mariage. Le cadet, Jean-Jacques, voulut imiter son père, et chercher comme lui, par ses services militaires, à rétablir sa fortune. Il était déjà capitaine lorsque Henri IV conclut le traité de paix de Vervins. Douze ans après, ce prince, en récompense de ses bons services, lui donna *un bre-*

---

(1) Messieurs de Labarthe possédaient encore dernièrement cette terre.

vet de capitaine entretenu. On ne sait point quels sont ces services : sans doute il imita l'exemple et suivit les leçons de ses cousins d'Artagnan et de Sainte-Colombe, qu'il trouva employés dans les gardes françaises et auprès de la personne du roi.

Dans le règne suivant, il commanda une compagnie du régiment de Vaubécourt, et fut ensuite capitaine commandant ce régiment, ce qui équivalait au grade de lieutenant-colonel. Il servit contre les princes mécontents, puis contre les huguenots, enfin contre les Espagnols, dans la Valteline (1626), et toujours sous le nom du capitaine de la Serre. Il reçut un grand nombre de lettres, d'ordres de services, souvent accompagnés d'éloges de la part des généraux qui le commandaient, des ducs de Nevers et de Montbazon, du cardinal de Richelieu, du père du grand Condé, de Louis XIII lui-même.

Les événements de la guerre avaient conduit le capitaine de la Serre en Lorraine; il s'y maria avec la fille du seigneur d'Hoffelise, et eut la terre d'Hohéville pour la dot de sa femme. Il assista aux états de Lorraine, et fut lieutenant au gouvernement de Nanci pour le duc Charles IV. Il n'en continua pas moins de servir la France. Cependant, malgré plus de trente ans de bons services, il n'alla pas au delà du grade de capitaine commandant, ou lieutenant-colonel. Peut-être son établissement en Lorraine lui fit il du tort, quoique le duc Charles fût alors assez bien avec la France. Jean-Jacques n'oublia jamais son pays ni sa famille : il partageait entre la Lorraine et la Gascogne le temps dont la guerre lui permettait de disposer. Il parvint à un âge avancé, et combla toujours ses neveux et petits-neveux de marques de bonté.

Mais, pendant que le capitaine de la Serre cherchait ainsi à relever sa Maison, la mauvaise conduite de *Jean*, son frère aîné, pensa la perdre. Il épousa mademoiselle de Serre, fille de la seconde femme de son père. Elle n'avait point de fortune, et encore fallut-il que Jean abandonnât à sa double belle-mère une métairie pour payer la dot que son père lui avait reconnue. Huit enfants furent les fruits de cette union. Le père, sans songer à leur avenir, dérangea sa fortune, et fut obligé de vendre ou d'engager presque tout son bien pour payer ses dettes. Il ne respecta pas même la moitié de la fortune paternelle qui avait été substituée à son fils aîné par son grand-père. Le désordre fut poussé si loin, qu'on obtint de lui d'abandonner l'administration de son bien, d'émanciper son fils aîné, *Bertrand III*, en se réservant seulement la nourriture et le logement. Son frère, Jean-Jacques, fut témoin de cette transaction, et, sans doute, il en avait donné le conseil. Peu d'années après, le seigneur de La Serre alla mourir à Villefranche en Astarac, loin de sa famille.

Un pareil désordre devait compléter la décadence de la branche de La Serre, et l'on pouvait s'attendre à voir les descendants de Jean tomber dans la misère. La Providence vint à leur secours : un mariage leur rendit Marsan, qu'un mariage leur avait enlevé 80 ans auparavant. Jean-Jacques de Savère, fils de Jeanne de Montesquiou et seigneur de Marsan, avait un fils et une fille; Charlotte de Savère voyait souvent son cousin *Bertrand* de Montesquiou La Serre; ils s'attachèrent l'un à l'autre, et se promirent de s'épouser. La future avait 40 ans, le futur était ruiné; mais la parenté, le voisinage, l'amour d'un côté, peut-être l'intérêt de l'autre, avaient formé ce lien. L'héritière de Marsan devait avoir bien des charmes pour un Montesquiou, et c'est toujours une belle dot que le château de ses ancêtres. M. de Savère consentit au mariage. Il restait l'obstacle de la parenté : Bertrand et Charlotte étaient cousins au quatrième degré. Ils présentèrent une requête au cardinal Barberin, légat en

France. On allégua, dans cette requête, que Charlotte n'avait pu trouver dans son pays d'autre mari de sa sorte. Son âge justifiait cette assertion. Le cardinal accorda la dispense, *pourvu que Mademoiselle de Savère n'eût pas été enlevée.* Le mariage fut célébré ; les deux époux donnèrent chacun la moitié de leurs biens à leur fils aîné futur. Après cet heureux événement, Bertrand s'occupa de rétablir l'ordre dans ses affaires. Il rentra en possession des biens que son père avait aliénés à son préjudice, et racheta, pour 1200 livres, les droits d'un de ses frères, Pierre, à la succession de leurs parents. Jean-Jacques, leur oncle, assistait à cette transaction. Il était dit que, s'il ne pouvait payer son frère dans le délai d'un an, il lui abandonnerait des biens d'une valeur égale, au dire de deux gentilshommes parents et amis. Ce genre loyal de transactions était commun en ce siècle, et de pareils juges en valaient bien d'autres.

Ces soins domestiques ne firent point oublier à Bertrand ce qu'il devait à son pays. C'était pendant la guerre de 30 ans. Bertrand et ses deux frères, Pierre et Louis, voulurent y prendre part. Ils entrèrent tous trois au régiment de Vaubécourt, que commandait leur oncle. Ils y servirent assez long-temps : leurs actions sont restées ignorées ; nous ne connaissons que leur mort glorieuse. Les Espagnols avaient répandu l'alarme à Paris par la prise de Corbie, en 1636. Le maréchal de Châtillon fut chargé de la reprendre ; le siége eut lieu sous les yeux de Louis XIII, de Monsieur et du cardinal de Richelieu. Le régiment de Vaubécourt était à la tranchée ; Bertrand de Montesquiou y fut tué à la tête de sa compagnie. C'est le seul de mes ancêtres directs qui ait été tué à l'armée. Je ne parle pas des ducs d'Aquitaine, dont c'était presque la mort naturelle. Son frère Louis, capitaine au même régiment, fut tué l'année suivante à la prise de Landrecies ;

son autre frère, Pierre, seigneur de Saint-Aubin, se retira après avoir servi long-temps comme lieutenant.

Jean-François, fils unique de Bertrand, avait dix ans quand il perdit son père. Il resta sous la tutelle de Charlotte de Savère, sa mère, assistée de Pierre, son oncle, et de Jean-Jacques, son grand-oncle, qui était son parrain. Ce patriarche remplit envers lui tous les devoirs d'un bon père. Il commença par terminer, d'un consentement mutuel, les affaires d'intérêt entre son neveu et son petit-neveu. Il fit entrer ensuite ce dernier au service. A peine âgé de dix-huit ans, le jeune Jean-François partit pour aller rejoindre à Nanci le régiment dont il était enseigne-colonel. Jean-François fit son testament avant de partir, *de crainte d'être surpris*, dit-il, *par les chemins de la mort*. Il laissa 300 livres à ses oncles et tantes paternels et maternels, et fit son heritier universel son grand-oncle, auquel il devait tant de reconnaissance. Sa carrière militaire fut courte : ayant perdu sa mère en 1646, il obtint du maréchal de Senneterre, gouverneur de Lorraine, un congé pour régler ses affaires, et il quitta ensuite le service.

Ces affaires étaient en effet fort importantes : il s'agissait de la fortune de sa Maison. Charlotte de Savère, sa mère, avait un frère et une sœur; l'un et l'autre avaient des droits à l'héritage paternel, et la terre de Marsan en faisait la plus grande partie. Jean-François voulait la terre entière. Comment renoncer à l'ancien domaine de sa Maison, sur lequel le mariage de Bertrand, son père, lui avait rendu des droits? Cette prétention fut cause d'un long procès entre lui et Isac de Savère, son oncle. Au bout de deux ans, ce dernier renonça à tous ses droits sur la terre de Marsan, moyennant 6,000 livres tournois. Catherine, sa tante, se montra plus généreuse, et lui fit donation de tous ses droits. Ainsi les seigneurs de La Serre redevinrent seigneurs de Marsan, et la Maison de Montesquiou rentra en possession d'un domaine qu'elle possédait de temps immémorial, et qu'elle avait perdu depuis quatre-vingts ans.

Le somme de 6,000 livres était considérable pour le seigneur de La Serre ; il la trouva dans la dot de sa femme, Calixte de Bezolles, fille unique du seigneur de Crastes. Elle porta dans la famille de son mari la terre de Crastes et toute la fortune de son père. Quelques années plus tard, il hérita de son grand-oncle, Jean-Jacques de Montesquiou, qui laissa un legs assez considérable à son neveu Pierre, seigneur de Saint-Aubin. Ce vieillard, avant de mourir, eut la consolation de voir rétablie la fortune de sa Maison, à laquelle il avait tant travaillé.

J'ai lieu de croire qu'il mourut en Gascogne, et qu'il fut enterré dans la chapelle de la Serre, dont il avait toujours porté le nom.

Jean-François, établi à Marsan, entouré d'une nombreuse famille, passa près de quarante ans à améliorer la fortune qu'il avait si heureusement acquise. Plus de trente contrats d'achats, d'échanges, d'acquisitions de toute espèce, attestent son esprit d'ordre et son économie. Du reste, il était impérieux, querelleur, jaloux de ses droits et même de ceux qu'il n'avait pas. Ses voisins l'accusaient d'être *plein d'astuce* dans ses relations avec eux; et le marquis d'Aubeterre, lieutenant général de Guyenne, fut obligé d'intervenir dans une querelle qu'il eut avec le seigneur de Daignan, au sujet de la chasse. Il imagina même de faire porter au château de Marsan les registres du notaire d'Aubiet, pour y voir les actes qui concernaient sa Maison, et il fallut l'autorité du parlement de Toulouse pour le forcer à les rendre.

Il paraît que Jean-François ne fit pas de testament; mais, en vertu d'anciennes substitutions, sa fortune passa à l'aîné ; les cadets, réduits à une légitime, entrèrent au service. L'un fut tué, en

1677, à la prise de Fribourg, brillante conquête du maréchal de Créqui sur le duc de Lorraine; les deux suivants restèrent dans les grades inférieurs; le quatrième, nommé Henri, se distingua, et devint l'illustration de la branche de Marsan. Il servait dès l'âge de quinze ans ; il fit toutes les campagnes des deux dernières guerres de Louis XIV, dans le régiment de la marine, et y obtint tous ses grades; il devint enfin chevalier de Saint-Louis, brigadier et commandant de la citadelle de Perpignan. C'était un bon militaire, doué de toutes les qualités physiques et morales qui conviennent à un officier général.

Pierre, son frère aîné et mon bisaïeul, préféra, comme son père, le séjour de Marsan au service militaire, et il faut convenir que la perspective de languir dans les grades inférieurs, comme ses grands parents, était peu tentante pour un aîné, seigneur de Marsan, maître d'une fortune considérable pour le temps et pour le pays. Il épousa mademoiselle Boussost de Campels, et mourut en laissant six enfants en bas âge.

Il en avait eu un plus grand nombre, quoique n'ayant été marié que douze ans. Leur mère, encore jeune, ne pensa jamais à se remarier. Elle vécut veuve pendant cinquante ans, et s'acquitta habilement de la tâche difficile d'élever et d'établir trois garçons et trois filles. Elle avait de grandes vertus, jointes à un caractère fier et impérieux. Les filles restèrent auprès d'elle ; les garçons furent élevés au collége de Gimont. Jean-Denys, le cadet, se destinait à l'état ecclésiastique, et annonçait d'heureuses dispositions ; il mourut avant d'avoir achevé ses études. Philippe, l'aîné, entra à quatorze ans dans le régiment de la marine, dont son oncle Henri était colonel. Il devint capitaine, et fit, sous les ordres du maréchal de Brunswick, la campagne d'Espagne, qui se termina par la prise de Fontarabie, en 1719. Le jeune seigneur de Marsan annonçait un officier distingué ; malheureusement il avait la tête un peu vive, et, comptant sur ses droits d'aînesse, il fit quelques dettes. Sa mère en fut mécontente ; elle paya en exigeant que son fils quittât le service. Le sacrifice était peu pénible : la paix venait d'être conclue et ne paraissait pas devoir être troublée. M. de Marsan revint dans son château et ne le quitta plus.

Son frère, *Marc-Antoine*, mon aïeul, entra dans le même régiment, sous les auspices de son oncle. Il fit la guerre de la succession de l'empereur Charles VI. Il fut enfermé dans Pragues pendant ce long siége où l'armée eut tant à souffrir de la disette. Il suivit le maréchal de Bellile dans sa retraite hardie à travers les montagnes de la Bohême, au milieu de la saison la plus rigoureuse, et malgré la poursuite de l'ennemi. Cette retraite est la retraite de Moscou du siècle dernier. On y trouve la même désorganisation, les mêmes privations et les mêmes malheurs. Mon grand-père arriva à Egra fort malade, après une marche de quarante lieues; on fut obligé de le transporter en litière, et il regagna avec peine le château de Marsan. Sa santé détruite l'engagea à se retirer du service. Au bout de vingt-trois ans il n'était encore que capitaine. Sa naissance, sa conduite et ses services auraient dû lui procurer plus d'avancement; mais alors comme toujours il fallait de la faveur pour parvenir. MM. d'Artagnan auraient pu lui être utiles; son extrême modestie ne lui permit pas de s'adresser à eux. La croix de Saint-Louis et une faible pension furent ses seules récompenses.

Les deux frères, réunis à Marsan, ne s'occupèrent plus qu'à soigner leur mère. Elle était digne de leurs respects par les soins qu'elle avait pris de leur enfance; mais son caractère impérieux les mit souvent à de rudes épreuves : elle voulait être maîtresse absolue chez elle, et prétendait que ses fils lui fussent soumis comme dans leur enfance. Un jour elle vit dans la cour les chevaux que son fils aîné avait fait mettre à la voiture ; elle trouva mauvais qu'il ne les lui eût pas demandés, et les fit dételer. Ses deux fils se soumettaient sans murmure à de si singulières exigences. Leurs sœurs avaient quitté la maison paternelle : l'une avait épousé le seigneur d'Estarvielle, l'autre le comte de Lary de Latour, la troisième était abbesse du couvent de Bouleau. Il était temps qu'un des frères se mariât aussi : ils étaient seuls de leur branche et avaient plus de cinquante ans. Le mariage n'entrait pas dans le goût de M. de Marsan. Il engagea son frère à se marier, et lui dit que ses enfants seraient les siens. Quelques amis communs proposèrent Mlle de Narbonne Lara, âgée de vingt-huit ans, fille du comte de Narbonne, et dont le frère fut depuis duc, et la belle-sœur dame d'honneur de madame Adélaïde. Mlle de Narbonne avait été élevée à Saint-Cyr, et elle habitait alors avec ses parents la terre d'Aubiac, près d'Agen. Elle n'avait point de fortune; mais sa naissance était illustre, et sa position dans le monde avantageuse. C'était la première fois que l'on faisait à Marsan une semblable alliance, et mes grands parents sentaient la nécessité de donner à leurs descendants des appuis et des protecteurs qui avaient toujours manqué à leurs ancêtres et à eux-mêmes. De son côté, Mlle de Narbonne sans fortune ne pouvait épouser qu'un cadet, et était bien heureuse d'espérer pour ses enfants la fortune de l'aîné. Le mariage fut conclu.

Ma bisaïeule vécut plusieurs années après ce mariage, et resta toujours la maîtresse au château; elle aimait ses petits-enfants en donnant une grande préférence à l'aîné. On raconte que, l'abbé de Montesquiou, mon oncle, étant fort malade dans son enfance, elle refusa de lui donner de la mousse de Corse qu'elle gardait précieusement. Ma grand'-mère lui en fit prendre quand elle fut couchée. A son réveil, elle fut charmée de trouver son petit-fils guéri; mais, quand elle sut le moyen qu'on avait employé, elle se fâcha beaucoup : un cadet devait guérir tout seul, et ne pas employer les ressources dont les aînés pouvaient avoir besoin. L'histoire, fût-elle exagérée, n'en est pas moins curieuse.

La succession de madame de Marsan donna lieu à un procès considérable. M. de Marsan, son fils aîné en fut particulièrement chargé et le soutint avec persévérance. Il refusa même 300,000 livres que les parents de sa mère lui offraient comme transaction ; il avait le goût des procès et n'aimait pas à céder. Il fit bien en cette occasion, car on lui adjugea les terres de Leymont, Bazet et Castera, d'une valeur supérieure à la somme qu'on lui offrait.

Ce procès fut la seule affaire importante de sa vie. Elle s'écoula paisiblement à Marsan dans une noble simplicité, et dans une union avec son frère que quarante ans n'altérèrent jamais. Leur piété, leur charité, leurs vertus domestiques, sont encore vivantes dans le cœur des vieillards qui les ont connus; leur mémoire est en vénération dans le pays, et l'on aime à raconter l'innocence de leurs mœurs, les détails de leur vie privée, et ce mélange de noblesse et de bonté qui les caractérisait. M. de Marsan avait une figure belle et majestueuse; son esprit naturel avait suppléé à l'instruction qui lui manquait, et à l'usage du grand monde, qu'il ne connaissait pas; il aurait été à Paris un homme fort aimable; il aimait le monde et y plaisait par sa politesse et par l'originalité de son esprit. Il recevait peu à Marsan; mais il allait souvent chez ses voisins, particulièrement à Montaigu, chez madame de Campels, objet de son innocente galanterie. On y jouait; M. de Marsan jouait aussi pour lui plaire, et une fois en rentrant il raconta qu'il avait perdu 25 louis. Le curé lui en fit des reproches assez sérieux ; mon père, qui arrivait de son régiment, trouva cela déplacé, et le dit au curé ; son oncle lui répondit : *Mon fils, il a raison, c'est de l'argent mal employé, et cela ne m'arrivera plus.*

Mon grand-père avait un peu plus d'instruction que son frère, et moins de vivacité d'esprit. Il était d'une grande piété et d'une douceur angélique. Il n'aimait pas le monde, et ne sortait jamais de Marsan. Dieu et les pauvres, sa femme et ses enfants, remplissaient seuls son cœur, et suffisaient à l'occupation de sa vie. Dès sa jeunesse, il avait donné des marques de cette bonté adorable qu'on retrouvait toujours en lui. Dans une ville de garnison, ses camarades et lui trouvèrent un petit pauvre endormi ; on cherchait à lui faire quelque niche, *afin*, disait-on, *qu'il fût bien étonné en s'éveillant. J'en ai une meilleure à proposer*, dit mon grand-père : *mettons-lui quelques gros sous dans sa poche. C'est pour le coup qu'il sera étonné quand il s'éveillera.* Sa patience fut quelquefois mise à l'épreuve par la vivacité de son frère et par la sécheresse de sa femme. C'était une personne de mérite, remarquablement instruite, pleine de piété et de vertus, mais d'un caractère sérieux, d'un esprit dépourvu de grâces. Elle n'avait pas la tendresse de cœur qui pouvait répondre au cœur de son mari. L'intérêt de ses enfants faisait tout oublier à mon grand-père. Il ne pouvait pas trouver de défauts à la femme qui les lui avait donnés, et au frère dont il attendait leur fortune. Une inquiétude inattendue vint un jour troubler cette espérance. M. de Marsan fit connaissance avec madame de Persin, veuve encore jeune, d'une figure charmante. Elle avait été à Versailles pour une affaire, et Louis XV, frappé de sa figure, avait demandé son nom. Madame de Pompadour le sut; l'affaire fut terminée en vingt-quatre heures; et madame de Persin invitée à repartir. On pense bien qu'une femme qui avait inquiété madame de Pompadour pouvait facilement séduire un vieux seigneur gascon. M. de Marsan prit beaucoup de goût pour elle, et l'on eut lieu de croire qu'il pensait à l'épouser. Ce n'était pas une petite affaire. Mon grand-père avait déjà plusieurs enfants ; c'était d'après les instances de son frère qu'il s'était décidé à se marier et dans l'espérance que ce frère adopterait sa famille. On peut juger de son inquiétude et de celle de sa femme. Ils eurent le courage de n'en rien témoigner. Leur tendresse pour leur frère n'en fut pas altérée, et quand madame de Persin venait à Marsan, ils la recevaient avec leur politesse ordinaire. Un gentilhomme des environs venait souvent en même temps qu'elle. Il en était amoureux et ne lui déplaisait pas. M. de Marsan ne remarquait rien. Un jour, cependant, les ayant vus causer ensemble, il entra chez son frère et lui dit : « *Mais, mon frère, je crois que ces gens-là s'aiment. — Mon frère*, répondit mon grand-père avec douceur, *il n'y a que vous qui ne vous en aperceviez pas.* » Depuis ce moment il ne fut plus question d'amour ni de mariage.

Le premier enfant de mon grand-père fut une fille, qui mourut d'une fièvre maligne à vingt ans; il eut successivement le comte de Fezensac, mon père; l'abbé et le chevalier de Montesquiou, et deux filles. Leur éducation commença au château de Marsan. Les deux aînés eurent pour précepteur un ecclésiastique très instruit. Il était sévère, et battait ses élèves encore plus par violence de caractère que comme principe d'éducation. Ce traitement convenait peu au caractère de mon père; la rigueur n'en obtenait rien et ne faisait que l'abrutir. L'abbé de Montesquiou, au contraire, travaillait à merveille, soit par crainte du châtiment, soit que sa vanité fût flattée de contenter un homme aussi difficile. Il m'a souvent dit que c'était à ce précepteur qu'il devait le goût de l'étude et l'instruction qu'il avait acquise : aussi a-t-il depuis bien récompensé tous les coups qu'il en a reçus.

Quand ils furent tous deux plus grands, on les envoya au collége à Paris. La duchesse de Narbonne, belle-sœur de leur mère, se chargea de les surveiller, et s'acquitta de ce soin avec une tendresse vraiment maternelle ; elle présenta à madame Adélaïde, dont elle était dame d'honneur. C'était la première fois que les seigneurs de Marsan paraissaient devant de pareils personnages. Ce fut encore à leur mère qu'ils durent la protection que leur accorda le marquis de Montesquiou, et qui leur fut si utile. J'ai dit en parlant de MM. d'Artagnan que le marquis était fils unique du comte de Montesquiou. Sa mère, mademoiselle Bombarde de Beaulieu, restée veuve encore jeune, se consacra tout entière à son fils. Elle était vive, spirituelle, fière du nom de son mari, fort occupée de son fils et de la fortune de sa Maison. Ce fils répondit à ses soins, et profita bien de ses leçons. Il devint maréchal de camp et premier écuyer de *Monsieur*. Sa mère lui fit épouser mademoiselle Hocquart de Montfermeil, riche héritière, et son grand-père, M. de Beaulieu, lui donna la terre de Montesquiou, que la famille avait perdue depuis deux cents ans, et qu'il avait rachetée pour lui. Le marquis profita de sa position pour obtenir du roi une distinction honorable et utile à son nom. Notre descendance des comtes de Fezensac avait été plusieurs fois prouvée; elle était cependant peu connue : le monde ne lit point les parchemins, et ne connaît guère que le nom que l'on porte. En 1777, le roi autorisa toutes les personnes de la Maison de Montesquiou à joindre à leur nom celui de Fezensac, *comme leur nom véritable et originaire*. Le roi autorisa en même temps l'aîné à s'appeler *comte de Fezensac*. Le premier fut M. de Poylobon, qui vivait encore. Ce titre passa ensuite dans la branche de Marsan; et fut porté par mon grand-oncle et par mon père.

Ma grand'mère jugea de quelle utilité pourrait être à ses enfants un cousin comme le marquis de Montesquiou. Elle lui écrivit pour lui rappeler la parenté qui les unissait et lui demander ses bontés pour eux. Le marquis fut touché de cette confiance. Il répondit que ses jeunes cousins seraient pour lui ce qu'étaient ses enfants, et il n'a jamais cessé d'acquitter cette promesse. En 1779 il accompagna *Monsieur* à Toulouse, et profita de l'occasion d'aller à Marsan, et de faire connaissance avec les parents de ses fils adoptifs. Il y fut reçu avec joie et reconnaissance. Jamais un homme de cour n'avait paru dans ce vieux château. On y admira sa magnificence, sa toilette recherchée, l'élégance de ses manières, la suite nombreuse qui l'accompagnait. Le marquis, de son côté, fut frappé du spectacle des mœurs patriarchales de mes grands parents; il admirait le grand air, la politesse noble et simple de M. de Marsan, et disait souvent qu'il voudrait le mener à Versailles, pour donner des leçons à bien des gens de qualité. Il fut touché de la bonté de cœur de mon grand-père, et crut retrouver sa mère en voyant les soins que ma grand'mère prenait de sa famille, et son vif intérêt pour tout ce qui intéressait la Maison de son mari. On avait réuni à Marsan le peu qui restait des différentes branches des Montesquiou : le jeune Sainte-Colombe, qui se montra peu digne de ses ancêtres; l'abbé de Saint-Martial, dernier des Poylobon, ecclésiastique recommandable ; le curé d'Amade, dernier des Saintrailles, et qui faisait regretter que cette branche n'eût pas fini plus tôt. C'était un homme sans éducation, de mauvais ton, d'un maintien peu ecclésiastique, et dont les mœurs n'étaient pas exemptes de soupçon. Le marquis de Montesquiou lui fit donner 1,500 francs de pension : c'était assez pour lui procurer quelque aisance, et trop peu pour qu'il pût venir à Paris, ce dont il avait fort envie.

On n'était pas accoutumé à de si nombreuses réunions à Marsan, et le château y prêtait peu. Ce château était placé à l'extrémité du village, si l'on peut appeler de ce nom une rue composée de douze maisons de chaque côté, au levant et au couchant; l'église et le château étaient vis-à-vis l'un de l'autre, à l'extrémité. Tout cet espace était entouré de murs et de fossés. Le château était composé de deux corps de logis, l'un au midi, l'autre au couchant, flanqués de trois tours. La porte d'entrée, avec un pont-levis, fermait la tour du couchant : on l'appelle encore aujourd'hui *la Barboucane*. Une quatrième tour isolée correspondait à celle-ci et fermait la rue du côté du levant à l'extrémité du village. M. de Marsan avait fait combler les fossés et abattre les murs; leur emplacement servait de promenade autour du château. Il n'y avait point de cour, puisque le château était dans la rue. Jamais mes grands parents ne se sont plaints d'un établissement aussi incommode. Ils étaient même bien aises de voir passer les paysans, et de leur parler avec bonté de leurs travaux et du soin de leurs familles. A l'extérieur du château, un très petit jardin, tristement adossé au cimetière, un quinconce de platanes, seul lieu qui donnât un peu d'ombre, et un potager, brûlé par le soleil du midi, composaient tous les dehors.

On trouvait dans l'intérieur la même simplicité : au rez-de-chaussée la cuisine, des logements de domestiques et la chambre des enfants avec leur précepteur ; au premier un vestibule orné de vieilles tapisseries, qui servait de promenade d'hiver, l'appartement de mon grand-père, de sa femme et de ses filles ; plus loin un salon qui était en même temps salle à manger, la chambre de M. de Marsan, trois autres chambres, dont l'une appelée *la belle* parce qu'elle avait deux fenêtres.

Quoique la fortune fût à l'aîné, mon grand-père avait acquis personnellement les terres de Daignan et d'Aubiet, qui étaient voisines de Marsan; il avait eu 7,000 liv. de légitime de son père, 20,000 liv. de sa mère, 24,000 livres de dot de sa femme, et 20,000 liv. de son oncle Henri, gouverneur de Perpignan. Ces différentes sommes formaient un capital qu'il employa à ces deux acquisitions.

L'usage s'était introduit, sous Louis XIV, chez les gens de qualité, de prendre des titres à volonté. Autrefois l'on ne pouvait porter que le titre qui était attaché à la terre dont on était seigneur. Montesquiou était une baronnie; le seigneur portait le titre de baron; les autres s'appelaient seigneurs de Marsan, d'Artagnan. Dans la suite on devint, à sa volonté, marquis, comte, baron.

Messieurs d'Artagnan commencèrent ; l'usage fut suivi plus tard en Gascogne. Ce ne fut que vers le milieu du dernier siècle que mon grand-oncle prit le titre de comte de Marsan, et mon grand-père celui de comte de Montesquiou. Ce changement étonna beaucoup ; et un paysan de Marsan, qui passait un acte avec mon grand-père, prit le titre de seigneur, et lui dit qu'il avait une seigneurie comme lui un comté. Anciennement aussi on ne s'intitulait que *noble messire*; plus tard on s'appela *haut et puissant seigneur*, et, si l'on était pourvu de quelques grandes dignités, *très haut et très puissant seigneur*. Bientôt on donna cette qualification à tous les gens de qualité, sans égard à leur existence personnelle. Le contrat de mariage de mon bisaïeul est celui d'un simple gentilhomme; celui de mon aïeul, celui d'un seigneur; celui de mon père semble être celui d'un prince. Lorsque ces titres avaient quelque valeur, on ne les prodiguait pas ; on n'avait pas besoin de s'appeler comte ou marquis pour être seigneur haut-justicier, puissant dans sa province. Quand l'autorité souveraine eut tout envahi, la noblesse, réduite à des titres sans valeur, les prit à discrétion pour chercher à oublier ce qu'elle avait perdu. Peut-être un secret pressentiment l'avertissait-elle aussi de se hâter de satisfaire sa vanité : le moment approchait où ces derniers hochets allaient lui être enlevés.

Ce fut à cette époque que Messieurs de Laboulbène se prétendirent de la maison de Montesquiou, et voulurent se faire recevoir en cette qualité. La prétention était nouvelle et assez étrange. La vérité est que c'étaient des bourgeois d'Agen qui avaient épousé une Montesquiou-Saintrailles au commencement du 17e siècle. Plusieurs fois ils s'étaient présentés chez ma grand'-mère et mes oncles, en réclamant seulement, disaient-ils, l'honneur d'être nos alliés. Tout d'un coup ils se firent annoncer chez le marquis de Montesquiou comme étant de sa Maison. C'était mal s'adresser : on les refusa, on leur dit ce qu'ils étaient. Alors ils prétendirent que c'était nous qui n'étions pas Montesquiou, et ils ne firent grâce à aucune des branches de la Maison; ils plaidèrent, et un arrêt du parlement de Paris les condamna à quitter notre nom et nos armes. (L)

Ce procès fit un effet assez fâcheux. Il attira l'attention et la malveillance du public. On trouva qu'il eût mieux valu laisser Messieurs de Laboulbène s'appeler comme ils le voulaient, et se borner à ne pas les reconnaître et à ne pas les recevoir. Le marquis de Montesquiou, à cette occasion, fit publier notre généalogie ; elle est intéressante et appuyée de toutes les preuves. Il fut nommé, peu après, membre de l'Académie française, ce qui lui valut le distique suivant :

Montesquiou-Fezensac est de l'Académie ;
Quel ouvrage a-t-il fait ? — Sa généalogie.

Il ne manque à l'épigramme que la vérité : car cette généalogie ne contient que la descendance dont le maréchal de Montesquiou avait fourni les preuves depuis cent ans, et le prince de Chabanais (Montesquiou-Montluc) depuis deux cents ans.

Le marquis de Montesquiou saisit cette occasion pour réclamer auprès du chapitre d'Auch la place dans le chœur de la cathédrale qu'occupaient ses ancêtres en qualité de chanoines d'honneur. La délibération porte que le chapitre a pris connaissance de sa généalogie, qui contient la preuve la plus complète de sa descendance des comtes de Fezensac, anciens souverains de cette province, défenseurs et bienfaiteurs de l'église d'Auch ; le chapitre reconnaît les services que le marquis de Montesquiou lui a rendus dans des occasions essentielles ; il témoigne le désir de lui donner des marques de sa reconnaissance, en cherchant en même temps à resserrer les liens qui unissaient les anciens barons de Montesquiou avec l'église d'Auch.

Le vicomte de Montesquiou, mon père, termina ses études avec succès ; il entra au service, et franchit rapidement, en quelques années de paix, les grades que ses ancêtres n'avaient pu obtenir après de longues guerres. Il devint sous-lieutenant d'infanterie, capitaine de dragons, colonel du régiment de Lyonnais-Infanterie. Triste époque de décadence où les titres de noblesse se prenaient par caprice, et où les grades militaires n'étaient plus la récompense des services.

L'abbé de Montesquiou, son frère, se fit remarquer de bonne heure par la vivacité de son esprit et sa facilité pour l'étude. Sa santé délicate le fit destiner à l'état ecclésiastique, pour lequel il se sentait peu de vocation. Ses parents en furent frappés pendant un voyage qu'il fit à Marsan au milieu de ses études. L'exercice de la paume l'avait développé ; il était grand et leste, passionné pour les exercices du corps, et tout en lui annonçait de l'éloignement pour la carrière qu'il allait embrasser. Le comte de Marsan, qui l'aimait particulièrement, lui en parla avec confiance; il insista pour le faire renoncer à un état pour lequel il éprouvait de la répugnance; il lui offrit de se charger de son sort. L'abbé refusa de prendre la place de son frère aîné et de nuire à sa fortune. Il représenta à son oncle que son bien n'était pas assez considérable pour être divisé, que lui saurait se faire une fortune dans la carrière qu'il embrassait, et que le courage et la raison vaincraient sa répugnance. La conversation fut longue et plus d'une fois répétée. M. de Marsan céda enfin en lui disant tristement et d'un ton peut-être prophétique : *Tu l'as voulu, tu t'en repentiras toute ta vie.*

L'éducation du chevalier fut plus négligée. Il entra de bonne heure au service, d'abord dans les carabiniers, que commandait M. de Montesquiou-Sainte-Colombe, puis dans différents régiments, enfin dans les gardes-du-corps comme officier supérieur.

Les deux sœurs furent nommées chanoinesses, l'une à Épinal, l'autre à Remiremont, où la révolution l'empêcha d'être reçue.

Il restait un point important, le mariage de mon père, qui approchait de trente ans. Le marquis de Montesquiou et la duchesse de Narbonne, ses père et mère adoptifs, s'en occupèrent avec zèle. Le marquis proposa d'abord sa fille. Mon père s'en rapportait à ses parents, que cette demande affligea beaucoup. Le marquis de Montesquiou ne méritait pas un refus ; mais cette jeune personne avait deux frères et ne pouvait pas être bien riche ; d'ailleurs elle n'était ni jolie ni bien faite, et la piété de mes parents leur faisait un devoir de donner à leur fils une femme qu'il pût aimer : on refusa donc. Le marquis témoigna d'abord quelque humeur; il prit bientôt son parti, et son amitié pour mes parents n'en fut pas un instant altérée.

Quelque temps après, madame de Narbonne proposa mademoiselle de Lalive, et le mariage fut conclu.

Mes grands-parents donnèrent à mon père la moitié de leur fortune et lui assurèrent l'autre moitié, en en retranchant quatre légitimes de 40,000 livres chacune pour ses frères et sœurs.

Cette alliance, et le bonheur qu'elle promettait, combla de joie ces respectables parents; leurs derniers regards virent leurs enfants commencer une brillante carrière. Ils n'eurent point la douleur de connaître les catastrophes qui détruisirent bientôt de si heureuses espérances. Tous deux moururent après le mariage de mon père et avant la révolution. La maladie de mon grand-père fut assez longue, et sa mort aussi chrétienne que sa vie. Jusqu'au dernier moment il ne cessa de bénir ses enfants, de leur parler du néant des grandeurs humaines, et de leur recommander la piété, la vertu, l'union fraternelle, dont il leur avait donné de si touchants exemples. Son frère pleurait auprès de son lit, il le regardait avec attendrissement. *Il a raison,* disait-il, *il perd un bien bon ami.* Ce frère le suivit de près. Sa mort fut aussi douce et aussi chrétienne. Tous les jours il demandait à Dieu la grâce d'une bonne mort. Dieu voulut exaucer visiblement cette prière. Un jour, après avoir communié, il se sentit incommodé au moment du dîner ; on alla chercher un médecin, qui arriva trop tard. Il mourut en quelques minutes, sans douleur et sans agonie.

Comme les sépultures dans les églises étaient alors interdites, les deux frères voulurent être enterrés dans la chapelle de La Serre, dont j'ai parlé. L'abbé de Montesquiou y fit graver l'inscription suivante :

Ici reposen deux frères, modèles de piété, de bienfaisance et d'union fraternelle.

Priez Dieu pour que leur race ne dégénère pas de leurs vertus.

Tous les ans, le lundi de la Pentecôte, les populations de Marsan et des environs se rendent encore aujourd'hui à cette chapelle. On y célèbre la messe, on se prosterne sur leurs tombeaux. Leur réputation de sainteté était si bien établie que les paysans leur adressaient des prières, et que l'archevêque d'Auch fut obligé d'expliquer que cet honneur n'était dû qu'aux saints reconnus par l'Eglise, et qu'il fallait prier pour ces deux respectables frères, et non point les prier. Jamais un plus bel hommage n'a été rendu à la piété et à la vertu.

Ma grand' mère resta seule à Marsan avec ses deux filles, jusqu'à ce que la révolution vînt les en chasser.

NOTES.

NOTES.

A, page 26.

CHARTE CONTENANT L'ACTE DE LA DONATION QUE FIRENT GUILLAUME SANCHE, COMTE DE GASCOGNE, ET GASTON CENTULE, VICOMTE DE BÉARN, EN FAVEUR DE L'ABBAYE DE SAINT-VINCENT-DE-LUC, DANS LE DIOCÈSE D'OLÉRON.

Tabula monasterii de Luco : Quando dominus Willelmus Sancii, comes Gasconiorum, dedit villam de Luco Deo et sancto Vincentio, Gasto Centuli, vice comes bearnensis, nolebat assentiri et dimittere partem suam; sed tandem acquievit, victus precibus Garsiæ abbatis, qui ei suam consanguinitatem cum dicto comite replicavit, et quomodo venisset de Hispania avus domini Willelmi, ubi se contulerat pater ejus, tempore domini Ludovici imperatoris; qui quidem rex de hac patria vestituram dedit avo vice-comitis, qui erat de ejus progenie. Et dedit Deo et sancto Vincentio partem suam super altare. (Hist. de Béarn, *Marca*, p. 201 *et* 202.)

Lorsque Guillaume Sanche, comte de Gascogne, fit donation du territoire de Luc à Dieu et à saint Vincent, Gaston Centule, vicomte de Béarn, refusa d'abord son consentement pour la portion de ce territoire qui lui appartenait; mais il finit par céder, vaincu par les prières de Garsias, abbé de Saint-Vincent. Cet abbé lui rappela, à cette occasion, sa parenté avec le comte de Gascogne; il lui expliqua comment un aïeul du comte Guillaume (*Sanche Mittara*) était revenu d'Espagne, où son père (*Garsimir*) s'était retiré pendant le règne de l'empereur Louis le Débonnaire; et comment ce dernier, étant devenu roi de Navarre, céda ses droits sur le Béarn à un aïeul de Gaston Centule (*Centulfe*), qui en obtint l'investiture, et qui était son parent. Gaston Centule donna donc son consentement, et fit sur l'autel l'abandon de tous ses droits en faveur de Dieu et de saint Vincent.

Nota. — *Avus* se dit souvent d'un aïeul à un degré quelconque.

Cette charte, en expliquant la parenté des ducs (ou comtes) de Gascogne avec les vicomtes de Béarn, établit leur origine mérovingienne.

En voici le tableau :

Adalaric, duc d'Aquitaine, Mérovingien (*Charte d'Alahon*).

Scimin, tué avec son père.	Centule tué.	
Garsimir, ou Garsias Ximenès, se retire en Navarre, et devient roi.	Loup Centule.	
Sanche Mittara, premier duc de Gascogne, appelé par les Gascons pour les gouverner, s'intitule fils de roi; cède, ainsi que ses frères, à ses cousins Donat-Loup et Centulfe, ses droits sur la Bigorre et le Béarn.	Donat-Loup, tige des comtes de Bigorre.	Centulfe, tige des vicomtes de Béarn. Son quatrième descendant est Gaston Centule, mentionné dans la charte de Saint-Luc.

Garsie Sanche le Courbe, duc de Gascogne.

Sanche Garsie, duc de Gascogne. (Guillaume Garsie, son frère, est le premier comte de Fezensac.)

Guillaume Sanche, duc de Gascogne, mentionné dans la charte de Saint-Luc.

La charte d'Alahon avait établi l'origine mérovingienne des ducs d'Aquitaine, leur établissement en Navarre, leur inauguration, et la cession de leurs droits sur la Bigorre et le Béarn.

La charte de Saint-Luc fait connaître leur retour en Gascogne, sous le titre de ducs.

B, page 52.

Degrés depuis Sanche Mittara.

BARONS DE MONTESQUIOU.

Raymond Aimery, premier seigneur de Montesquiou, fils d'Aimery Ier, comte de Fezensac.
F. Auriane de La Motte, dame de l'aleu de Fremozens.

8e — Arsieu, dit *le Vieux*.

9e — Bertrand.
F. Guillemette de *La Barthe*.

10e — Raymond-Aimery II.
F. Pictavine de Marrast.

11e — Arsieu II, chevalier.

12e — Raymond-Aimery III, seigneur de Marsan, Poylobon, etc.
F. 1° Alpaïs de Bazillac;
2° Longue de Montaut, *alias* de Biran.

13ᵉ — Genses Iᵉʳ, damoiseau.
F. Comtesse d'*Antin*.
(Il eut pour frères : 1° Othon, ou Odon, tige des seigneurs de Massencomme et de Montluc ; 2° Pictavin, évêque d'Alby, et cardinal.)

14ᵉ — Raymond IV, chevalier banneret.
F. Belesgarde d'Aspect.

15ᵉ — Arsieu III, chevalier, commandant d'une compagnie de gendarmes à pied.
F. 1° Constance d'Andouins ;
2° Marguerite *de l'Isle*.

16ᵉ — Genses II, chevalier, mort avant son père.
F. Constance de Castelbajac.

17ᵉ — Arsieu IV, chevalier.
F. Gaillarde d'Espagne-Montespan, dame de Salles, en Lauragais.

18ᵉ — Arsieu V, mort sans postérité mâle ;
F. 1° Catherine de Curton ;
2° Douce de Fandoas.

18ᵉ Bertrand, son frère, a continué la postérité.
  F. 1° Marguerite de Montaut-Bénac;
  2° Gausionde de Castelbajac.
  Ses autres frères étaient :
  Roger, tige des barons de Marsac et de Devèze ;
  Barthélemy, chevalier, bachelier, seigneur de Marsan et de Salles : tige des seigneurs de Sainte-Colombe, de Marsan et d'Artagnan.

19ᵉ Jean Iᵉʳ.
  F. Catherine d'Aspremont.

20ᵉ Amanieu.
  F. Jacquette du Faur de Pompignan.

21ᵉ Jean II.
  F. Gabrielle de Villemur.

22ᵉ 1° François, capitaine de la garde suisse du duc d'Anjou. Tué au siége de Saint-Jean-d'Angély.
  2° Jean-Jacques, baron de Montesquiou, après son frère ; mort sans enfants.
  3° Anne, mariée à Fabien de Montluc.

C, page 64.

QUITTANCES.

1. — Nous, Raymond-Aimery, chevalier, seigneur de Montesquieu, capitaine de Montréal, confessons avoir reçu de Jean Chauvel, trésorier des guerres, sur les gages de nous, banneret, un chevalier, trente-sept écuyers, et quatre-vingts sergents de pied, ès guerres de Gascogne, à la garde dudit lieu, du 16 mars 1346 au 20 juin, sous le gouvernement de M. Girard de Montfaucon, chevalier, sénéchal de Toulouse et d'Albigeois, capitaine desdites parties de Gascogne outre Garonne :

767 liv. 2 s. 4 d.

A Toulouse, 3 avril 1347.

(Le sceau est en cire rouge : ce sont les armes des Montesquiou, parti au premier de gueule plein, au second d'or à deux tourteaux de gueule.)

2. — *Raymundus-Aimerici miles Dominus de Montesquivo confessus est recepisse a R. de Insula*

1,036 liv.

4 mai 1350.

(Le sceau comme ci-dessus.)

3. — *Je, Raymont Aymeri de Montesquieu*, escuyer baronnet, confesse avoir reçu de maistre Geoffroy le Flamant, clerc du roy, lieutenant de Jean le Mire, trésorier des guerres, et de François de l'Hospital, clerc des arbalestriers,

231 liv. 12 s. 10 d., que Armant de Baulat, escuyer de ma compagnie, devoit aux habitants de la ville de Langon, pour vivres prins, lesquels j'ai voulu être rendus par ledit Armant aux jurés de la ville, et rabattus de mes gages et des gens d'armes de ma compagnie desservis en cette présente guerre de Gascogne.

A Agien, le 5 juin 1359.

(Le sceau comme ci-dessus.)

D, page 64.

QUITTANCE.

Nous, *Aissieu de Montesquieu*, chevalier, confessons avoir reçu de Jacq. Lempereur, trésorier des guerres, sur les gages de nous et des gens d'armes et de pied de notre compagnie, en ces présentes guerres de Gascogne, sous M. Jean, comte d'Armignac, 303 liv. 15 s.

A Montalban, 10 juin 1353.

(Le sceau comme ci-dessus, avec une étoile à six raies au chef du premier parti.)

E, page 64.

DON FAIT PAR JEAN, COMTE D'ARMAGNAC, A ARSIEU III DE MONTESQUIOU, DE 107 LIV. 10 S., EN RÉCOMPENSE DE SES SERVICES.

Jehan, par la grace de Dieu, comte d'Armignac, de Fezenzac et de Rodois, vicomte de Leomaigne et d'Auvillar, lieutenant du Roy, monseigneur, ès parties de la Langue d'Oc, au trésorier des guerres de mondit seigneur, ou à son lieutenant, salut. Savoir vous faisons que nous, attendu le bon port que M. Aissieu de Montesquieu, chevalier, a eu présentement ès guerres de mondit seigneur, tant devant Aguillon et Preissan, comme ailleurs en nostre compaignie, et les grans frais qu'il y a soustenus, et aussi pour les bons services que nous espérons que encore il face à mondit seigneur, nous li avons donné et donnons par ces présentes, de grace espéciale, cent sept livres dix sols tournois. Si vous mandons que tantost et sans delay, ces lettres veues, vous baillez et délivrez audit chevalier lesdites cent sept livres dix sols tournois, en prenant quittance de li de ladite somme, parmi laquelle, rapportant avecques ces présentes, elle vous sera allouée en vos comptes sans contredit. Nonobstant quelconques autres dons à lui faire par le Roy mondit seigneur, ses lieux tenans, capitaines, nous ou autres.

Donné en noz tentes devant Lézignen, le XIIIIe jour de juing l'an mil CCCL et quatre.

(Scellé aux armes d'Armagnac, écartelé aux premier et quatrième un lion, aux deuxième et troisième un léopard lionné.)

QUITTANCE D'ARSIEU III DE MONTESQUIOU.

Sachent tuit que nous, Aissieu de Montesquieu, chevalier, avons eu et receu de Jacques Lempereur, trésorier ès guerres du Roy nostre sire, par la main Evem Dol, son lieutenant, pour don à nous fait par M. Jehan, comte d'Armignac, lieutenant dudit seigneur es parties de la Langue d'Oc, pour les bons services que nous avons fais au seigneur en ces guerres présentement, tant devant Aguillon et Preissan, comme ailleurs, en la compagnie dudit M. d'Armignac, et les grans frais qu'il nous y a convenu soustenir, la somme de cent sept livres dix sols tournois, nous nous tenons pour bien païéz. Donné en l'ost devant Lezignen, le XIIIe jour de juing, l'an MCCCLIIII.

(Scellé aux armes de Montesquiou.)

F, page 68.

LETTRES DE RÉMISSION ACCORDÉES PAR LE ROY A AYSIEU DE MONTESQUIOU ; CHEVALIER, GENSES DE MONTESQUIOU, SON FRÈRE, ETC. (AVRIL 1405).

Charles, par la grace de Dieu, roy de France, savoir faisons à tous présens et à venir, nous avoir reçu l'umble suplication de Aysieu, seigneur de Montesquieu en Fezensac, chevalier d'Angles, Genses, son frère; d'Arnault de Giguen et Girautau du Cos, escuyers du pays de Cascongue, contenant comme en..... et consent que durant la guerre que picca fut entre le comte d'Armaignac, duquel ledit de Montesquieu est homme vassal et subgiet, sans moyen d'une part, et feu le comte Phebus de Foix, d'autre, les habitants de la ville de Mirande en Asterac, avoient recepté, aydié, conforté et conseillers à leur povoir les gens d'armes, souldoyers et pillards dudit feu comte de Foix, lesquels estant audit Mirande, avoient fait tres grant guerre audit de Montesquieu, à sa terre, hommes et subgiez, et apres s'estoient retraitz avecques les prisonniers et pillages qu'ils avoient prins et pillié en ladite terre dudit de Montesquieu en ladite ville de Mirande, et pour ce aussy que lesdits de Mirande durant ladite guerre estoient venus en grand nombre de gens d'armes en ladite terre de Montesquieu, par voye de force et de guerre et y prins, destruit et démoly une forteresse d'un des vassaulx dudit de Montesquieu, et y fais et commis plusieurs homicides, prélouis, roberies et autres mauvaisetiez, et avec ce pour ce que lesdits de Mirande, durant la derreniere guerre d'entre nous et nos adversaires d'Angleterre, avoient de leur pouvoir aydié, recepté, conforté et conseillié les gens d'armes et pillars de la garnison du chant de.......urde, tenant le party de nosdits adversaires, lesquels en eulx retournant de courre et piller ladite terre dudit Montesquieu, s'étoient plusieurs fois retraits et rafreschis ensemble, lesdits prisonniers, et pillages en ladite ville de Mirande, et en oultre pour ce que durant certaine guerre d'entre ledit de Montesquieu d'une part et le duc d'Aurin d'autre, lesdits de Mirande avoient plusieurs fois aydié et conforté, récepté et conseillé ledit d'Aurin à l'encontre dudit de Montesquieu, et en ce et autrement en plusieurs manières fait et aydé à faire à iccellui de Montesquieu et en sa térre, hostes, hommes et subgiez, plusieurs autres.....et domages; iceulx suppliant aucunes fois tous ensemble et autresfois particulierement avec aucuns autres en leur compaignie, ayent plusieurs fois couru en chevaulz et armes descouvertes sur lesdits habitans dudit lieu de Mirande, mis plusieurs embuches de gens d'armes auprès d'icelle ville pour prendre et aprisonner aucuns desdits habitans, et fait tant devant icelle ville de Mirande comme devant les.......de Maseras et de Sainte-Dode, pour ce que les habitans desdits lieulx soustenoient et portoient faveur auxdits de Mirande contre ledit de Montesquieu, tous autres faits de guerre y prins et apprisonné plusieurs hommes, femmes, chevaulx et aultres venans, et iceulx menez et retraitz en ladite terre dudit Montesquieu et au lieu de la Mote, qui est tenu de luy, en faisant lesquelles courses et prinses devant lesdites villes de

Maseras et Sainte-Dode, iceulx supplians ayent prins ou fait prendre plusieurs autres personnes et les menez prisonniers au chastel de Pomce, que tenoit et occupoit lors le bastard d'Armaignac et iceulx qui juroient et affirmoient par serment non estre dudit lieu de Mirande, delivrez a plain sans aucune chose prendre ne exigier d'eulx, feust pour raison de vivres ne aultrement et les autres dudit lieu de Mirande detenus prisonniers par aucun temps et après les mis à raenson, ayent été aussy occis et tués esdites courses, embuches et chevauchées, esquelles ou en aucun d'icelles ledit bastard d'Armignac et ses gens ont plusieurs fois esté; un appelé Oudot, habitant dudit Mirande, et un autre nommé Guillot du Tremblé, pour lors serviteur du sénéchal de Thoulouse et semblablement y ayent esté prins et apprisonnés deux hommes d'armes, l'un appelé Robert et l'autre Lemoine, serviteurs de feu Loys de Sancerre, maréchal et depuis connestable de France, et lesquels Guillot, Robert et Moyne, lesdits maréchal et sénéchal de Thoulouse ou l'un d'eulx comme l'en dit avoient envoyez en garnison audit lieu de Mirande pour la deffendre, et lesdits habitans que len dit estre en notre protection et espéciale sauvegarde à l'encontre desdits suppliants et iceulx hommes d'armes ainsi prins, deffardez et destroussez de leurs chevaulx et harnois, et mis à raenson et finance de un coursier qui fut au sir de Durfort et tout bustiné, et avecques ce ayent esté esdites courses, embuches et chevauchées, prins, blessez et raensonnez plusieurs aultres personnes dont lesdits suppliants ne sont apresment records, et il soit ainsy que après ce que ledit feu de Sancerre fut darivé devant nous en *ceste nostre ville de Paris et exposé* les cas dessusdits et que nous eusmes mandé par lettres ou autrement *au bastart dudit de Montesquieu et aultres* suppliants dessus nommés qu'ils se déportassent des entreprinses, voyes de fait et aultres choses dessusdites, iceulx suppliants se soient du tout déportez et desistez sans aucune chose avoir fait ne attempté à l'encontre desdits habitans dudit Mirande...... autres nos subgiez, mais ce nonobstant soubs ombre de ce que dit est iceulx suppliants ont esté accusé et approchiez par devant notre sénéchal dudit Thoulouse, appellés par plusieurs et divers journées et mis en plusieurs deffaulx et contumaces, et depuis à la requeste de notre procureur général la cause dessusdite a esté advoquée en notre court de parlement, en laquelle notre court combien que iceulx suppliants ayent esté adjournés à y comparoir personnellement à l'encontre de notre dit procureur général de Mirande, pour doubte de rigueur de justice et aussy de plusieurs ennemis et adversaires qu'ils ont audit pays de

Gascongne, ils n'ont osé venir ny eulx comparoir......
ont été mis en plusieurs deffaulx et adjournez sur le
prouffit d'iceulx et se doubtent d'estre mis en plusieurs
procès et en la fin et conclusion d'iceulx, estre pour
ce durement traittiez et grandement dommagiez, se
par nous ne leur est sur ce impartie notre grace et miséricorde suprême, ils dient et pour ce nous ont fait
humblement supplier iceulx suppliants, que, attendu
que ils qui en tous aultres cas ont été et sont gens de
bonne vie, renommée et honeste conversation sans
aultre vilain reprouche, et qui tout leur vivant se sont
armez pour nous servir, et ont été et sont bons et
loyaulx François, n'ont pas fait les chevauchées et aul-
res choses dessusdites en contempt de nous et de notre
seigneurie, mais seulement pour eulx contrevengier
et dedommaigier des injures, pertes, griefs et dommai-
ges par ledit sire de Montesquieu, ses hostes, hommes
et subgiez soufferts et soustenus par le fait et coulpe
dempnable desdits de Mirande et ainsy qu'il est ainsy
acoûtumé faire entre les nobles dudit pays de Gascongne, nous leur veuillans notre dite grace impartir et
leur estre........ Pourquoi nous ces choses considé-
rées et les bons, grans, notables et aggréables services fais à nous et à nos prédécesseurs par lesdits sup
pliants et les leurs, au fait de nos guerres et autrement en plusieurs manières, esquelles nos guerres ils

ont exposé corps et chevances, et sont prests de faire toutesfois que mestier sera et aussy souffert et soustenu plusieurs pertes et dommages tant de leurs dits amis qui en armes et en notre service ont perdu les vies....... autrement et aussy en l'honneur et reverence du saint temps ou nous sommes à présent, et de la sainte mort, passion et resurrection de notre benoist Sauveur et Redempteur souffrit en ce mesme temps pour racheter l'umain lignage des peines d'enfer, et aultres causes et considérations à ce nous mouvans, voulons en ceste partie, miséricorde estre préférée à rigueur de justice, à iceulx Aysieu, seigneur de Montesquieu d'Angles, Genses de Montesquieu, son frère ; Arnault de Giguen et Girautau du Cos, escuyers et suppliants dessus nommés, à chacun d'eulx avons au cas dessusdit pardonné, quittié et remis, pardonnons, quittons et remettons de notre certaine science et grace espéciale par ces pièces, les courses, embusches, chevauchées, homicides et emprisonnement, raensonnemens, port d'armes, ni infraction de notre dite sauvégarde et austres faits et cas dessusdits, tous procès, informacions, appeaulx, deffaulx, peines multes pour ce faits et qui s'en pouroient ensuir et le ban d'aucun s'en est ensuivi avecques toute peine, offense et amende corporelle, criminelle et civile, en quoy pour cause et occasion des choses dessusdictes et chacune d'icelles et leurs circonstances et dépendances, iceulx suppliants et chacun d'eulx pevent estre encouru envers nous et justice, et les restituons et remettons à leur bonne fame et renommée au pays et à leurs biens non confisqués et imposons sur ce silence perpétuel à notre dit procureur général présent et à venir, satisfaction faitte à partie civilement, se faicte n'est tant seulement : si donnons en mandement par ces présentes à nos amez et feaulx conseilliers les gens tenant notre présent parlement à Paris, et qui tendront ceulx à venir, aux seneschaulx et viguiers de Thoulouse, Carcassonne et Bigorre, et à tous nos aultres justiciers et officiers présents et à venir ou à leurs lieutenants et à chacun d'eulx si comme à luy appartiendra, que de notre présente grace, octroy, pardon et rémission, facent, souffrent et laissent cesdits suppliants et chacun d'eulx joyr et user plainement et paisiblement, sans pour ce les contraindre, traveiller, arrester ou empescher, faire ne souffrir eulx ne aucun d'eulx estre contraints, traveillez, molestez ou autrement empeschiez en corps ne en biens, ores ne au temps à venir en aucune manière au contraire, mais se les corps d'eulx ou d'aucuns d'eulx ou aucuns de leurs dits biens non confisquez, sont ou estoient pour ce prins, serpis ou autrement empeschez, leur mettent ou facent mettre sans delay à plaine délivrance, et pour ce que ce soit ferme chose et estable à toujours, nous avons fait mettre notre scel à ces présentes lettres; sauf autres choses notre droit et l'autruy en toutes. Donné à Paris au mois d'avril, en l'an de grace 1405 après Pâques et le 25ᵉ de notre règne. Ces lettres signées sur le reply par le roy, messire Jaques de Bourbon, maistre Tristan du Bos et plusieurs des chambellans.

G, page 70.

QUITTANCES.

1. Je, *Assieu de Montesquieu*, chevalier, confesse avoir reçu de François de Nerly, receveur des finances et trésorier des guerres du Languedoc et Guyenne, 97 liv. dix s. des gages de treize arbalétriers de ma compagnie, au recouvrement de la ville de Béziers.

Sous le gouvernement de Charles, monseigneur de Bourbon, capitaine général desdits pays.

25 juin 1421.

(Le sceau est en cire rouge, aux armes de Montesquiou, et pour supports deux femmes.)

2. Je, *Asselin de Montesquiou*, chevalier, confesse avoir reçu de François de Nerly, trésorier des guerres, 400 liv., prêt des gages de moi, chevalier bachelier, et de vingt écuyers de ma compagnie estant à la garde de Languedoc et Guyenne, en la compagnie de messire Jacq. de Montmorin, sous le gouvernement de Charles, monseigneur de Bourbon.

20 mai 1421.

(Le sceau est comme le précédent, avec les mêmes supports, et un lambel de trois pièces sur le tout.)

3. Je, *Jean de Montesquieu*, escuyer, confesse avoir reçu de François de Nerly, trésorier des guerres, 300 liv. des gages d'un connestable d'arbalestriers et de trente-huit arbalestriers de ma chambre, à la garde et défense de Guyenne et Languedoc, à ma compagnie, et sous le gouvernement de Charles, monseigneur de Bourbon, capitaine général desdits pays.

15 juin 1421.

(Le sceau aux armes des Montesquiou ; le premier parti est accompagné de deux faces, et pour cimier une hure de sanglier.)

MONSTRE DE BARTHÉLEMY DE MONTÉSQUIOU.

La monstre de messire Barthélemy de Montesquieu, chevalier bachelier et de neuf escuiers de sa chambre, receue à Sermes, le XXVIe jour de mars l'an MCCCCXXVI.

Chevalier bachelier.

Ledit messire Barthélemy.

Escuiers.

Raymont Gilbert.
Bertranon de Nogaret.
Jehan de Cambray.
Yvart de Fite.
Guillemot de Maleville.
Jehan de la Guerre.
Ramonnet de Clarac.
Jehan de Castelnau.
Guillaume Flambart.

H, page 76.

LETTRES PATENTES DU ROY, DONNÉES A TOURS, LE 20 AVRIL 1465.

Contenant que son amé et féal *chevalier Bertrand de Montesquieu*, seigneur de ce lieu, âgé de quatre-vingts ans ou environ, et ses prédécesseurs, étoient extraits de toute ancienneté d'une des maisons du pais d'Armagnac, et avoient toujours continuellement servi S. M., tant au fait de ses guerres qu'autrement, sans avoir jamais commis aucune chose digne de reproches; que cependant le comte d'Armagnac, sous ombre de certains excez à lui faits contre vérité, par ordonnance et commandement du duc de Bourbon et de feu Me Jean Bureau, le fit prendre et détenir prisonnier l'espace d'un an ou environ, au château de Letours et depuis à la conciergerie du parlement de Toulouze, où il resta long-temps, et d'où il fut élargi par lettres du feu roy, par lesquelles lettres sa majesté mande à ses gens tenants parlement à Paris que sur l'adjournement qu'ils auoient donné audit de Montesquieu à comparoir en personne il fut receu par procureur pour poursuiure ce que dessus, attendu qu'il avoit vne de ses jambes rompüe. Ces lettres signées de Moulins, et plus bas par le Roy en son conseil, le comte Comminges, M⁰ Jean d'Aunet, Jean du Vergier et autres présens.

page 88.

TESTAMENT DE JEAN-JACQUES SEIGNEUR ET BARON DE MONTESQUIOU.

(17 décembre 1569. Brothereau, notaire.)

Au nom du Père, du Fils et du Saint-Esprit, *Amen*. Jehan Jacques de Montesquieu, seigneur baron, et demeurant audit Montesquieu, diocèse d'Auch, en Gascogne, lequel, considérant les peynes et travaux qu'il a eus en ce présent monde, et icelui être une peregrination litigieuse en laquelle il est certain mourir et dubieux de l'heure, étant à présent en son lit, malade, en Senac, près Saintes en Saintonge, sain toutefois d'esprit et entendement, désirant le salut de son ame et disposer des biens qu'il a plu à Dieu lui prester, a fait son testament et ordonnance de dernière volonté, comme s'ensuit :

Premièrement, après avoir recommandé son ame à Dieu, la vierge Marie et toute la cour céleste du paradis, a ordonné, aduenant son décès, son corps etre inhumé en l'eglise paroissiale du lieu où il decedera, et etre, pour le salut de son ame, fait, dit et celebré tels ou tels services qu'il plaira à ses héritiers; et a donné et donne ledit testateur, par bonne, pure et irrevocable donation faite à cause de mort, a demoiselle Anne de Montesquieu, sa sœur, femme de Monsieur de Luppé, demeurant en la Serrade, touts et chacuns les biens, droits, noms, raisons et actions desquels il peut et lui est loisible disposer par le testament de défunt noble homme Jean de Montesquieu, son père, quand vivoit seigneur baron dudit lieu, ensemble touts et chacuns ses biens, meubles, acquests et conquests immeubles, en quelque lieu qu'ils soient reconnus, sçus et trouvés a lui appartenir, excepté que sur lesdits meubles ledit sieur testateur a voulu que lui plut que maistre Laurent....., son cuisinier, presgne un coursaut des bons de ceux qu'il a et possede maintenant en son écurie; et pour les bons et agreables services qu'il lui a faits et quil espere recevoir de lui, lui donne et legue la somme de cent écus sur touts sesdits biens à une seule fois payer; donne aussi a Jean Bordes, son homme de chambre, un autre coursaut de sadite écurie, et autres cent écus pour ses peines, sallaire et bons services; a Pierre, son palfrenier, donne et laisse pour recompense du service qu'il a reçu de lui, la somme de six-vingt livres tournoises ; *item* veut et ordonne .etre payé par ses héritiers a..... Serton, n'agueres serviteur de deffunt noble homme François de Montesquieu, frere dudit testateur, la somme de 160 écus, qui lui sont dus par ledit François de Montesquieu ; veut aussi et ordonne etre baillé et payé par ses héritiers, à Claude......, son laquay, la somme de soixante livres et un habillement honnete, ainsi qu'il a accoutumé habiller ses laquays ; *item* à Pierre...., aussi laquay dudit testateur, veut et lui donne la somme de dix écus et un autre accoustrement de meme couleur et parement que ledit Claude, le tout en une seule fois payez incontinent apres le deces dudit testateur, qui l'a ainsi voulu et ordonné, et d'autant que icellui testateur a dit se confier en la benignité et honneteté de sadite sœur, laquelle au demeurant des fonds ses biens il institue son heritière generale et universelle, et apres le décès d'icelle touts ceux qui de droit et par raison le peuvent et doivent etre ; veut et ordonne etre fait un present beau et honnete à monsieur de L......, son bon et fidèle ami, à la discretion de sadite sœur, son heritière, laquelle il prie et requiert s'en acquitter bien et fidelement. Et pour faire et parfaire et accomplir le contenu du present son testament, nomme pour exécuteur d'icelluy monsieur *de Sepect*, lequel il prie en vouloir prendre la peyne et charge, et parcequ'il se treuve mal et qu'il n'attend que l'heure qu'il plaira à Dieu l'appeler, et qu'il a plusieurs meubles, bagages et chevaux, supplie et requiert touts les gentilshommes qui sont de sa troupe et de sa compagnie vouloir iceux conduire, mener et faire tenir à sadite sœur et en faire faire inuentaire sommaire, aduenant son decès. Ordonnant au surplus toutes unes et chacunes ses debtes et celles dudit deffunct François de Montesquieu, son frère, tant connues par obligations, cédules, que non connues, être payées aux personnes auxquelles elles seront vües, reconnues, sçues et trouvées etre par eux dues, et pour le regard des non connues, veut et ordonne que ceux à qui elles seront dues en soient payés suiuant l'affirmation qu'ils en fairont, et pour lesquelles il veut qu'iceux soient écris. Et pour confirmation et approbation des choses susdites, supplie monsieur de la garde du scel avec confraers establi en la ville et cité des Saintes, mestre et apposer ledit scel à ces presentes, le contenu desquelles il veut etre tenu, entretenu et accompli selon sa forme et teneur, obligeant à ce faire touts et chacuns ses biens presens et a venir qu'il a soumis à justice, a toutes cours et jurisdictions, renonçant expressement a toutes choses contraires a ces presentes, dont de son consentement il a été jugé et condamné par moy Ollivier Brothereau, notaire royal à Saintes, demeurant a Chermignac, es presences de Michon Jouffreteau, Denis Fayan, Maurice Breton, Lyos Guillet, Jean Brenault de Fenac et Pierre de Farguy, demeurant à Saintes, et Nicolas Duval de Chermignac, le septième jour de décembre l'an mille cinq cens soixante et neuf. Signé sur la minutte de la présente grosse, J. Jacques de Montesquieu, M. Jouffreteau, pour avoir été present, et Duval temoins, O. Brothereau, notaire royal, Duval temoin a la reception dudit testament.

Page 91.

MÉMOIRE TIRÉ LÈTRE A LÈTRE DU MANUSCRIT DE M. LAMAZAN, SEIGNEUR DE CORNAC, SUR CE QUI PUT INTÉRESSER LA MAISON DE MONTESQUIOU.

(Ce manuscrit est au château de Cornac.)

Aux lecteurs.

A vous, Messieurs mes amis, s'adresse ce petit discours, lequel, encore qu'il ne soit bienfet pour vous donner plaisir et contantement, pourtant le suyet en est beau. Je vous supplie l'avoir pour agreable et excuser l'insuffisance de l'auteur qui n'a guere estudié pour faire l'hystorien ; mais pour fere voir qu'il n'a toujours demeuré aux anvirons de la maison pour se donner du bon temps et fere bonne chere, qu'est encore en vie et en estat, merci Dieu, de fere un bon servisse au roy et a la patrie ; et de la peyne que vous prendrés à voir une chose si grossiere, toutesfois fort veritable, aux heures de votre loisir, je vous en vaudré servisse tout le reste de mes jours.

Votre plus obeyssant serviteur,
Le capdet sans reproche nommé Lamazan,
seigneur DE CORNAC.

Temporibus duris veri noscuntur amici :
Tempora si fuerint nubila, solus eris.

C'est une belle richesse qu'un bon amy sans dissimulation.

L'on dit que le vin vieux et la vieille monoye et les vieux amys enportent le pris sur toutes choses.

1. *Premier discours des guerres civiles de France, depuis l'an 1563 jusques à l'an 1613, sous les rois*

*Charles de Valois et Henry III, jusques au regne
de Henry IIIe de Bourbon, fet par un capdet de
Gascongne, nommé Lamazan, à présent seigneur
de Cornac.*

. . . .
. . . .

(*Nota.* Dans ce discours il raconte quelques voyages faits par terre et par mer à Madère. Il n'y a rien au sujet des messieurs de Montesquiou ; c'est dans l'autre qui suit.)

2. *Discours des segons troubles et guerre civile de
France contre les huguenots qui s'estoient saisis de
pleusieurs villes, l'an* 1566, *la ou j'ay toujours assisté et fort blessé.*

Auquel bruit de la prise des armes des huguenots toutes les compagnies de gens d'armes de Gascongne, capitenes et autres, se prépareres après avoir reçu le commandement du roy pour marcher en France, et entre autres le seigneur de Gondrin de la Balette et Darne et autres, parce que les huguenots s'estoient déjà saisis de fortes villes et fet des entreprises fort importantes contre sa magesté. Lesquels seigneurs de la

Balette et Darne avoient chaqun un régiment de chevaux légiers, qu'ils avoient presque tous ensemble pour fere ce voyage. Monsieur de Gondrin aussi, le grand père de celui qui est à présent, avec sa compaignie de gensdarmes, duquel le sieur de Montespan, son fils, étoit lieutenant, et monsieur le viconte de Saint-Girons son enseigne, et M. de Lan son guidon, acompagnés d'une fort belle trouppe de noblesse du pais, bien armés et bien montés, et monsieur de Montluc demeura sur le pais comme lieutenant du roy, ou il se fesoint de grands desordres et entreprises par les huguenots qui s'étoint aussi saisis de quelques villes en ce pays.

Le régiment de M. de la Balette étoit de six compagnies chevaux légiers compris la sienne de gensdarmes, qui estoit la plus belle et bien montée qui le porroit dire, et les capitenes des autres compaignies estoint les seigneurs de Bidouet, Dorade, de Lymul, du baron de Numort et une compaignie d'Espagnols, et toutes accompagnées de braves jeunes homes capdets du pays.

La trouppe de M. Darne estoit aussi fort belle ; son lieutenant estoit monsieur de Lacassaigne de Condom, monsieur de Saint-Lary son enseigne, et monsieur de Debeze son guidon, et le petit Couvrepaire son mareschal de logis. Monsieur de Sayas estoit aussi lieutenant de monsieur de la Balette, monsieur du Gabarret son enseigne, monsieur de Trignan son guidon, et monsieur de Rouquettes son mareschal de logis. De la compagnie de monsieur Dorade, monsieur de Montesquieu le baron estoit lieutenant, le capitene Gensac de Comenge, son enseigne. En la compagnie du seigneur Bidouet, monsieur de Ramesan estoit son lieutenant, et le sieur de Monfaucon son enseigne, tous braves hommes bien accompagnés et bien montés.

Et plustot que ses compaignies ne voisirent marcher, je fus employé par le baron de Montesquieu, lieutenant dudit seigneur Dorade, de vouloir estre de la partye pour marcher avec eux. Combien que j'avois fet autre dessain, mais parceque il estoit fort de mes amys et de nostre maison, je le volsis contanter et le promettre, et fis estat de me préparer, pour au premier mandement desloger, qui fut bientost que lesdites troupes s'assemblarent aux environs d'Agen avec forse gentishomes volonteres, et de la fut question de prendre nostre route vers Lymoges, ou l'on fesoit estat de trouver le rendeuous pour nous joindre à l'armée du roy.

A meme temps, Monsieur, frère du roy (Henri III), fut déclaré chef des armées catoliques de France a la suite des huguenots et lieutenant de sa majesté par tout son royaume...

Tout s'assembla aux environs de Troye en Champagne...

A meme tems furent découverts une trouppe d'arquebusiers des huguenots en une rase compaigne qui s'en aloint à la pycourée, et qui ne se doubtoint de rien, nous pensant plus loing que nous n'estions pas; aussi avions nous fet une grande cavalcade parce qu'ils estoient presque au milieu du corps de leur armée. Surquoy incontinent monsieur de la Balette en ayant advis et les voyant de loing despecha sept chevaux légiers de chaque compagnie, qui estions en tout environ trente cinq, commandés par les seigneurs baron de Montesquieu et de Lamesan, desquels j'en estois un. Nous voila donc marcher droit à eulx, et nous voyant venir, ils s'arrestent et incontinent ils furent chargés, parmi lesquels il y en eut un si résolu qu'il attandit le sieur de Lamesan, à qui il tua son cheval et de si pres que tombant dessous ledit cheval le soldat mit la main à l'épée et d'un coup lui persa les deux cuysses, ne se pouvant relever à cause que ledit cheval estoit sur luy, de quoi l'on ne s'aperceut pour le secourir, parce nous estions tous occupés à l'execution des autres, et le premier qui s'en avisa fut le seigneur baron de Montesquieu, qui tournant droit a luy gagna un arbre ou il ny en avoit guiere d'autres pour contester sa vie, priant de le sauver en langage gascon, ce qu'il eut fet sans qu'il croyet ledit sieur de Lamesan mort estant encore par terre dessous le cheval, et parcequ'il avoit rechargé son arquebuse il l'ut tiré sans qu'il ne luy donna pas temps de le fere environnant l'arbre. Enfin ils furent defets.; c'estoint des souldats de Pyles qui leur estoint arrivés de Gascogne. Ledit sieur de Lamesan fut retiré et bien pensé et dans peu de jours bien gueri de sa blesseure...

L'armée prit la route de Chalons.....

Après la paix des segons troubles, le capitene Laballan me donna son enseigne de sa compagnie des gens de pied aux gardes du roy avec laquelle je fus environ six mois ou davantage, après lesquels les sieurs barons de Montesquiou m'en retirarent, me prometant tousiours de me fere part de leur fortune, ce que je fis et quitté la charge à leur contemplation et priere. et avec eulx je m'en revins en Gascogne.

Tiers trouble et guerre civile en France, commansée au mois d'aprils de l'an 1569.

Sur ce, voilà monsieur le prince de Condé nous voyant aller de si près a eulx qui part avec toute sa troupe plustot sur nous pauvres chevaux légiers que sur les autres qui venoient après nous, qu'il nous mit en partie tous par terre, comme messieurs de la Balette et Darne leurs chevaux morts et eulx couchés sans toutefois estre blessés, comme aussy les sieurs de Debize, Dossun, de Lamesan, de Lacassaigne près de Condom et autres, leurs chevaux tués et eulx fort blessés, et moy aussy qui en fus du nombre, mon cheval tué et moy blessé en toutes les deux cuisses de coups d'estoc et un coup de pystolet au bras droit et à la main de la bride un coup d'estoc qui fut percée et deux coups de pystolet sur le devant de ma cuirasse. Je fus si cruellement tretté pour vouloir secourir ledit sieur Darne et autres de mes amis que je voyois par terre que l'on vouloit avoir ou fere morir.

Et ayant passé la grant foule, me retirant tout en sang de mes playes, je vis venir à moy deux huguenots qui se retiroient aussy ayant perdu leurs chevaux au combat avec leurs casaques blanches sans estre blessé, l'un desquels prit à main droit se retirant droit a leurs gens, et l'autre droit à moy avec son espée qui m'attaqua, et moy estant un peu chamalles il fut question de venir aux prises, lequel par fortune je mis par terre estant tous deux armés qui se rendit à moy encore que j'eusse perdu une partie de mon sanc. Sur cela et a mon secours arriverent le sieur de Saint-Lary, de Pompignan et de Las de Pardiac, qui me firent ce bien apres la tempeste de ce combat passée de me conduire jusques au coin d'un petit bois, la ou estoient tous les bons cyrurgiens de l'armée; y estant desga arrivé monsieur de Debise qui se fesoit penser estant blesé d'un coup de pystolet a travers le corps; et les autres que j'ay nommés. Je fus aussy fort bien pensé avec du beaume et de tout ce qui se pouvoit de bons medicamens.

Il fut question de se retirer, moy seul avec mon prisonnier qui ne m'abandonnoit jamais et un honeste homme qui estoit à monsieur le baron de Montesquieu, qui ne me laissa aussy depuis m'avoir rencontré et se tint tousiours jusques au lendemain auprès de moy.

Dieu m'assista bien estant en l'estat que j'estois; je croy aussy que sans l'assistance de mon prisonnier et de cet honeste homme j'estois perdu, qui me servirent autant que gens du monde le sçauroient fere, estant en l'estat que j'estois et a l'extrémité; lequel prisonnier estoit un brave et beau gentilhome, nomme monsieur de Lygueres, qui me fesoit rire encore que je n'en avois guiere envie. Tous estoient en peyne a Jarnac, ou les troupes s'estoient arrestées et son excellence logé, ne sachant ce que j'estois devenu.

Estant donc son excellence audit lieu de Jarnac, et toutes les troupes aux environs, les sieurs baron de

Montesquieu, de la Balette et Darne, eurent quelque vent que j'estois logé en ce beau lieu et si bien accomodé, m'envoyerent un branquar avec de bons chevaux, accompagné de certains de mes amis pour me conduire, et lesdits sieurs de Saint-Lary et de Las volsirent me fere l'honneur d'estre de la partye jusques a Jarnac, d'ou ils estoient partis. Je fus logé en un logis ou monsieur de Fontarailles avoit esté mené prisonnier et blessé ce jour de la bataille d'une arquebusade à la jambe, qu'il receut en ce combat, laquelle l'on lui coupa ce jour meme, et de ma chambre je l'entendis bien. Je fus aussy estant en ce lieu de Jarnac fort bien pense, mais fort debile.

Après cette bataille, les huguenots se retirèrent bien loing de nous, et bien estonés d'avoir perdu M. le prince de Condé, leur chef, qui estoit à la vérité un brave et courageux prince, qui s'estoit tousiours est remarquer en toutes les belles occasions. Il fut tué par un brave gentilhomme de Gascogne, d'un coup de pystolet par la teste, comme aussy avec luy y demurèrent deux ou trois mille homes sur la place, qui ne retournarent jamais en leurs maisons.

Après avoir séjourné quelques jours audit lieu de Jarnac, les sieurs de la Balette et Darne demandèrent permission à Son Excellence pour s'en retourner en Gascogne se refrechir et remettre les compaignies, qui en avoint bon besoin, et qui estoint bien tristes et harasées pour avoir perdu forse gens et chevaux, ce que leur fut permis; et s'estant aprestés et les branquars pour les blessés, ils prindrent le chemin de Jarnac droit à Barbesins et de là à Agen, où je séjournis quelques jours jusques à ce que fus un peu remis pour monter à cheval; là où je laissai aussy mon branquar, comme aussy lesdits sieurs Debeze, Lamezan, Lacassaigne et autres. Nous voylà donc pour se retirer chaque en sa maison.

J'avais oblié à vous dire comme M. Dusson, s'en venant avec nous dans un branquar, qui avoit esté aussy blessé le jour de la bataille à l'epaule droite d'un coup de pystolet qui lui brisoit les os; de laquelle blessure il se trouva si mal en chemin qu'il fut contraint s'arrester à Liborne, là où il mourut, qui fut un grand domage de ce jeune gentilhomme, qui estoit brave, et c'il eut vécu eut fet fortune. C'estoit un de mes bons amys.

Suite de la bataille de Moncontour.

Et continuant toutsiours leur artillairie de tirer, Monsieur s'avansa si fort sur les ennemis que les Suysses et les autres bataillons demuroient derrière ; mais il rencontra devant luy une salve de harquebusades par quatre-vingts ou cent harquebusiers à cheval devant luy, secondés par une grande trouppe de reistres et Francés, qui se résolvirent comme desesperés de se jetter sur son escadon, donnant jusques à la cornette, cuidant fere quitter la plasce à touts ceulx qui suivoint Son Excellence, quelque debroir que les ducs de Longueville, Tabanes, Vilars, Carnabaler, s'eforsassent fere, et tours autres qui estoint avec luy, son cheval estant blessé et abattu et luy par terre, fut bien fort relevé par le marquis de Montesquieu et le baron de Vilars, qui le firent monter sur un autre cheval qui se trouva bien à propos, et tost après luy fut tiré un coup de canon qui en porta cinq de ceux qui marchoint devant luy, qui estoit le dernier coup qui se tira ce jour-là de la pyesse que les ennemis nommoient la Chasse-Messe. . . . .

La charge que Monsieur fit fut grande et fort remarquable, où il se fit une grant exécution.... Tant y a que la victoire nous en demura, qui fut l'heur et gloire entière à Son Excellence d'une des plus belles batailles qui se sont jamais données en Frence, avec perte des ennemis de quinze à seize mille hommes. .

. . . . Au siége de Saint-Jean-d'Angéli, la. . . . . même année 1569.

Et ayant encore sommé les assiegés de se rendre, firent la mesme responce que auparavant; qui fut cause que l'artillairie fut dressée et mise en batterie fort destrament, commensa à tirer contre les deffanses de la tour, et continua ladite batterie tout le jour, jusques à ce que la breche fut grande et raisonable; mais la nuit venue leur donna moyen et loisir d'y pourvoir et reparer ladite breche. La batterie fut encore fort violente, et fut la tour Beliart abbatue res de terre, où pleusieurs furent tués ou blessés; et continua ladite batterie jusques au jour qui avoit esté desseigné, et voyant la breche si raisonable, et après l'avoir recognue qu'un cheval chargé y fût pu monter; mais ils y apportarent tant d'inventions qu'ils la rendirent en deffanse après y avoir travaillé tellement qune grande trouppe de noblesse accompagnée de pleusieurs braves soldats entreprindrent de s'en rendre maistres; que encouragés par la présence du roy et grands seigneurs qui l'accompaignoint, donnèrent jusques au dessus de ladite breche; mais elle fut si bien deffandue et debattue qu'il falut enfin se retirer. Cest assaut, à la vérité, n'estoit pas commandé, ains volontere entrepris par quelques chefs et gentilshommes, comme dit est, qui menerent bon nombre de soldats : aussi n'y apportarent-ils pas aucun drapeau.

Durant l'assaut, deux coulouvrines bastoint en coutine sur la breche. Monsieur le baron de Montesquieu y fut blessé, et le sieur de Guitinieres aussy ; ledit sieur baron (de Montesquieu) fut blessé par la bouche, qui en morut bientost après, avec lequel j'estois le jour de la batterie en esperance d'aler à l'assaut, qui fut un grant domage et fort regreté du roy et de Son Excellence, et aussi de la reine-mère, parce qu'il avoit fait fer de bons services, et entre autres le jour de la bataille de Jarnac, et aussy le jour de la bataille de Moncontour, fut commandé par son excellance de se tenir auprès de luy, qui luy fit un bon servisse pour avoir aydé à le relever en combatant devant luy, parce que son cheval luy fut tué d'une harquebusade, comme il a esté dit. Ce fut une grant perte de ce brave cabalier, et encore plus pour moy, qui m'estoit un bon et intime amy qui ne pouvoit guiere demurer luy et son frere sans me voir souvent. Il fut honorablement accompagné par les Suisses de la garde du roy comme capitene, et d'une grant trouppe de capitenes et noblesse à sa sépulture, au lieu où Son Excellence estoit lougé, qui aussy y assista et le regreta fort, comme je voyes estant présant.

Le roy et la reyne mère qui l'aymoient fort, et Monsieur aussi, lui avoint promis de luy donner de belles charges, comme je sçay fort bien qui le puis dire, et entre autres, le gouvernement de Bayone après le visconte d'Orthe, qui lors avoit envie de quitter sa charge et se retirer, et sans doubte il eut esté chevalier de l'ordre du roy et capitene de cinquante homes d'armes, et pour cest effet il s'estoit preparé d'aler en cour après ce voyage, mais ce malheur luy arriva.

Et depuis, estant audit siége, M. de Pompignan, son frère, devint malade aussi de la dyssenterie, ou il en avoit bien d'autres touches de ce mal, lequel je assistis toutsiours jusques a la fin du siege et de nostre retour en ce pais de Gascongne, où il mourut de ce mal bientost après.

Nota. — Saint-Jean-d'Angely se rendit par capitulation faite avec M. de Byron pour les catholiques, et le capitaine Pyles, qui estoit du party des huguenots. M. de Guitinières en fut gouverneur avec huit cens hommes de garnison.

Après tout cela et prins tant de peyne, je m'en retournis en ce pays avec le sieur de Pompignan, lors sieur de Montesquieu, après la mort de son frère, accompagnes d'autres du pais, lequel ne pouvant passer outre, à cause de son mal de la dissenterie, nous nous adressames au port Sentemarie, où nous y demeurames quelques jours, après lesquels il fut conduit au chasteau de Saumont, et de là à Montesquieu, ou bientost il morut.

Despuis sa mort, moy estant sur le lieu, madame de Montesquieu, sa sœur, après la mort de Monsieur de Lupé, son mari, demeura héritière, qui me pria de la voloir assister, parce que elle avoit eu advis que l'on vouloit entreprendre et se saisir de ces maisons et terres et du chasteau de Montesquieu, pour quelques préfantions et droits que quelques gentilshomes disoint y avoir par substitution, et que fames à ce qu'ils disoint ne pouvoint succéder à ces grants biens et baronie de Montesquieu ; et pour le desir que j'avois en cest affére et en toutes autres occasions pour la conservation de ces droits, et pour la maintenir en sa maison comme fille légitime et unique, je me resolvis de le fere, et aussy en consideration des messieurs ces freres qui mestoint fort bons amis. Je y demuris quelque tamps avec quelques uns de mes amis que iavois employé sans fere semblant de rien, et y fut fet si bone garde que rien n'y fut entreprins, combien qu'ils fesoint toutsiours courre le bruit de s'en voloir emparer, et que lons ne les en scaurois enpecher ; de quoy on me volsit une fois quereller, mais ce fut un feu qui sen alla en fumée; le nom desquels je ne puis dire pour le present, pour m'avoir esté despuis fort bons amis, qui ne serviroit de rien, car aussi cela fut accordé par des gens d'honneur et de qualité qui la laissarent paisible en sa possession, et moy particulièrement. Je fis pleusieurs passages, de quoi je ne me re pans point.

Ladite dame de Montesquieu fut despuis recherchée par M. Fabian, dernier fils de M. le marechal de Montluc, père de M. le comte de Carman, avec lequel le mariage se fit, au grant contentement de toutes parties, tant d'un couste que d'autre; là ou jestois et fis par alles et venües tout ce qui fut de mon pouvoir envers M. le marechal de Montluc pour les acheminer à la consommation de ce mariage.

NOTA. — Vous trouverés dans les annales de Foix, fol. 37, qu'à la bataille de Launac, les seigneurs de Montezun, d'Albret, Barbazan, Fimarcou, Montesquiou, de Riviere, senechal, etc., etc., tenant le parti du comte d'Armaignac en 1372, furent pris par Gastom Phœbus, comte de Foix.

Riviere, Bernard de Riviere, senechal d'Armaignac. Voyés le traité des preuves de 15 est de Bigorre, à l'an 1378.

Sur ces particularités de la Bigorre septentrionale ou Rivière basse qu'on doit suppléer dans pu, on parlera de la maison vicomtale de Riviere, et de quelques seigneurs de cette terre qui vivoient du tems des guerres civiles ou des huguenots.

Page 123.

ÉPITAPHE DE DANIEL DE MONTESQUIOU DE PRÉCHAC.

Anno Domini 1715, *die* 25 *julij*, *ætatis anno octaginta quatuor, obijt, qui in hoc sepulchro jacet, illustrissimus, amplissimus atque generosissimus dominus* Daniel de Montesquiou, *dominus de* Prechacq, Galiax, Bedat et Mauhic ; *in exercitibus Regijs locum tenens generalis ; ordinis equestris militaris regij sancti Ludovici commendator ; civitatis Scelestadiensis, ex parte regis, gubernator ; dilectissimus senesgallus d'Armagnac ; civitatis Auxenis gubernator. Summâ cum prudentiâ, vigilantiâ, justitiâ et probitate, authoritatem à rege concessam in subditos pacificè exercebat. Qui obsequentissimus regi heroicis armorum factis bellicæ virtutis præmia ardenter prosequens ; devotissimus Deo, christianæ virtutis dona ardentiori zelo ambiebat. Non amiserunt gubernatorem Scelestadienses, sed patrem et protectorem, quem omnes lugent et lugebunt.* Beati mortui qui in Domino mo-

riuntur; itaque consolamini invicem in verbis istis.
Vivat cum sanctis; æternâ luce fruatur. Amen.

Hoc monumentum curavit mæstissima domina uxor.

Ce dessus est écrit en lettres d'or sur ladite pierre, et son tombeau est en bas dans le sanctuaire.

Page 143.

Degrés depuis Sanche Mittara. **BRANCHE D'ARTAGNAN.**

19ᵉ Manaud de Montesquiou, fils de Barthélemy, descendant des barons de Montesquiou (il eut pour frère Bertrand, fondateur de la branche de Marsan), mort en 1516.
    F. Jacquemette de Fontaines de Feudeilles.

20ᵉ Paulon, écuyer du roi de Navarre.
    F. 1º Jacquemette d'Estaing, dame d'Artagnan.
    2º Claude de Tersac-Montberaut.

21ᵉ Jean, seigneur d'Artagnan.

       F. Claude de Bazillac.
22ᵉ Henry, lieutenant au gouvernement de Baïonne.
       F. Jeanne de Gassion.
       (Il eut pour frère Arnaud, père de Joseph, chevalier des ordres du roi, mort sans postérité.)

23ᵉ Henry, comte d'Artagnan.
       F. Ruth de Fortaner de Montcaup.
       (Il eut pour frère Pierre, comte d'Artagnan, maréchal de France, mort sans postérité.)

24ᵉ Pierre, comte de Montesquiou, lieutenant-général.
       F. Marie-Louise-Gertrude Bombarde de Beaulieu.
       (Il eut pour frères :
       1° Louis, comte de Montesquiou, prince de Raches.
       F. Louise-Alphonsine de Berghes.
       2° Paul, comte d'Artagnan, père du comte et du chevalier d'Artagnan, morts sans postérité.
       F. Anne-Elisabeth Filleul de Ponts.)

25ᵉ Anne-Pierre de Montesquiou-Fezensac, marquis de Montesquiou, chevalier des ordres du Roi ; chancelier de celui de Saint-Lazare, premier écuyer de Monsieur, frère du Roi; général en chef de l'armée de Savoie en 1792, mort en 1798.

F. 1° Jeanne-Marie Hocquart de Montfermeil ;
2° N..... de Mangeville, veuve en 1res noces de N..... de Cerilly, et en 2es noces de N..... de Pange.

1° Elisabeth-Pierre, qui suit.
2° Henri, qui sera rapporté après son frère aîné.
3° Anne-Louise, qui a épousé Anne-François, marquis de Lastic.

26e Elisabeth-Pierre, comte de Montesquiou-Fezensac, ministre en Saxe en 1792, président du corps législatif en 1808, grand-chambellan de l'empereur Napoléon, sénateur, pair de France en 1814, grand'-croix de la Légion-d'Honneur, mort le 4 août 1834.

F Louise-Françoise le Tellier de Montmirail, en 1780.

1° Charles Eugène, qui suit.

2° Anatole, rapporté après son frère.

3° Alfred, *idem*.

27ᵉ Charles-Eugène de Montesquiou-Fezensac, baron de l'empire, colonel de cavalerie, chambellan de S. M. l'empereur Napoléon, officier de la Légion-d'Honneur, mort en 1811.

F. Aline d'Harcourt.

1° Paul, marquis de Montesquiou-Fezensac, mort sans postérité.

2° Eugène de Montesquiou-Fezensac.

F. Eliane de Cypierre.

1. Aline.
2. Mathilde.
3. Jeanne.
4. Pierre.

3° Aline de Montesquiou-Fezensac, mariée à Aldonce, vicomte de Guerroult.

27ᵉ Anatole de Montesquiou-Fezensac, comte de Montesquiou, aide-de-camp de Napoléon, maréchal-de-camp, grand-officier de la Légion-d'Honneur, chevalier d'honneur de la reine des Français.

F. Elodie de Montesquiou, sa cousine germaine.

1º Napoléon-Louis de Montesquiou, lieutenant de cavalerie.

F. Elisabeth Cuiller-Perron.
   1. Marie.
   2. Odon.
   3. Bertrand.
   4. Raoul.
   5. Bernard.

2º Thierry.
   F. Marie du Roux.
   Elise.

3º Wladimir.

27ᵉ Alfred-Félix de Montesquiou-Fezensac, chef d'escadron démissionnaire.

F. Madeleine-Barbe Cuiller-Perron.

1º F.-Zilia, née le 6 octobre 1818, mariée à François Lacuée, comte de Cessac.

2º P.-Y.-X.-Edgar, né le 24 mars 1820.

3º A.-M.-F.-Gonzalve, né le 14 décembre 1821.

4º M.-L.-M.-Cécile, née le 5 avril 1823, mariée à Gérard Lacuée, vicomte de Cessac

5º F.-M.-V.-Arsieu, né le 14 août 1825.

6° M.-E.-Raymond, né le 30 août 1827.
7° J.-M.-F.-Arthur, né le 16 juillet 1829.
8° M.-J.-F.-S.-Ludovic, né le 14 nov. 1831.

26ᵉ Henri, comte de Montesquiou-Fezensac, capitaine-colonel des Suisses de la garde du comte d'Artois, puis chambellan de Sa Majesté l'empereur Napoléon.

F. 1° Augustine Dupleix de Bacquencourt.

2° Louisa Hammet.

1° Pierre-François-Henri, vicomte de Montesquiou, né le 24 octobre 1793.

F. Célina de Mornay, le 6 avril 1818.

(Il a pour fils Fernand.)

2° Elodie, mariée à Anatole de Montesquiou, son cousin-germain.

3° Zoé, mariée à Arrighi, duc de Padoue, en 1812.

I, page 164.

Degrés depuis Sanche Mittara.

BRANCHE DE MARSAN.

19ᵉ Bertrand Iᵉʳ de Montesquiou, fils de Barthé

lemy, descendant des barons de Montesquiou.

  F. 1° Marie de Goth de Rouilhac.
    2° Gabrielle de Belcastel.

20ᵉ Pierre Iᵉʳ.
  F. Agnès de Lupé.

21ᵉ Jean Iᵉʳ, seigneur de la Serre.
  F. Jeanne de Lasseran.
  (Il eut pour frère aîné François, seigneur de Marsan, qui ne laissa qu'une fille.)

22ᵉ Bertrand II, seigneur de la Serre.
  F. 1° Jacquemette de Sourbier.
    2° Jeanne de Maigné.

23ᵉ Jean II, seigneur de la Serre.
  F. Jeanne de Serre de Soubessens.
  (Il eut pour frère Jean-Jacques.)

24ᵉ Bertrand III.
  F. Charlotte de Savère de Marsan.

25ᵉ Jean-François, seigneur de Marsan.
  F. Calixte de Bezolles de Crastes.

26ᵉ Pierre, comte de Marsan.
   F. Jacquette de Boussost-Campels.

27ᵉ 1° Philippe, comte de Marsan, puis comte de Fezensac, mort sans postérité.
   2° Marc-Antoine, comte de Montesquiou-Fezensac.
   F. Catherine de Narbonne-Lara.

28ᵉ Philippe-André-François de Montesquiou-Fezensac, comte de Fezensac, lieutenant-général en retraite, mort le 17 février 1833.

Avait épousé en 1783 Louise-Joséphine de la Live, fille d'Ange-Laurent de la Live, introducteur des ambassadeurs, et de Marie-Louise de Nettine.

(Il eut pour frères :

1° François-Xavier-Marc-Antoine de Montesquiou-Fezensac, d'abord agent général du clergé, puis ministre de l'intérieur en 1814, pair de France en 1815, commandeur de l'ordre du Saint-Esprit ; créé duc, avec transmission héréditaire en faveur de Raymond-Aimery-Philippe-Joseph, son neveu ; mort le 5 février 1832.

2° François-Joseph, chevalier de Montesquiou-

Fezensac, lieutenant-général en retraite, commandeur de l'ordre de Saint-Louis ; mort le 7 juin 1836.)

29ᵉ Raymond-Aimery-Philippe-Joseph, vicomte de Montesquiou-Fezensaz, né le 26 février 1784 ; lieutenant général des armées du Roi, commandeur des ordres de Saint-Louis et de la Légion-d'Honneur ; titré DUC DE FEZENSAC, après la mort de son oncle, l'abbé duc de Montesquiou. Il fut créé pair de France le 11 novembre 1832. Epousa, le 18 avril 1808, Henriette Clarke, fille de Henri-Jacques-Guillaume Clarke, duc de Feltre, et d'Elisabeth-Christine Alexander.
(Il eut pour frère Alphonse-Marc-Antoine.)

30ᵉ Roger-Aimery de Montesquiou-Fezensac, comte de Fezensac, chef d'escadron d'état-major, né le 13 avril 1809, marié le 5 janvier 1837 à Gasparine-Ursule-Ida de Finguerlin-Bischingen.

(Il eut pour frères et sœurs :
Richard-Philippe et Raymond-Henri, morts jeunes.
Louise-Mathilde de Montesquiou-Fezensac.

née le 16 août 1811, mariée le 8 juillet 1830 à Maurice, vicomte de Flavigny.
Oriane-Henriette de Montesquiou-Fezensac, née le 16 novembre 1813, mariée le 16 novembre 1836, à Auguste, vicomte de Goyon.)

31ᵉ Philippe-André-Aimery-Charles de Montesquiou-Fezensac, né le 26 septembre 1843.
Marie-Madeleine-Charlotte, née le 19 janvier 1846.

K, page 173.

QUITTANCES.

Nous Bertrand de Montesquiou, mareschal-des-logis de la compagnie de monsieur de Montluc, confessons avoir eu et receu comptant de maistre Estienne de Bray, conseiller du roy et tresorier ordinaire de ses guerres, la somme de cent trente-sept liures tournois en monnoie de douzains à nous ordonnée par ledit seigneur, pour nostre estat de mareschal-des-logis et place d'homme d'armes de ladite compaignie durant le quartier d'avril, may et juin mil cinq cent soixantedouze, de laquelle somme de cent trente-sept livres tournois nous nous tenons contens et bien paiez et en avons quicté et quictons ledit de Bray tresorier susdit et tous autres. En temoing de quoy, nous avons signé la présente de nostre main et fait cacheter du cachet de noz armes, le unziesme jour de novembre mil cinq cent soixante-douze.

Signé B. de Montesquieu.

(Scellé en placard d'un sceau sur papier : c'est un parti au premier plein ; au second, deux tourteaux en pal comme les barons de Montesquiou.)

Nous Bertrand de Montesquiou, sieur de la Serre, mareschal des logis de la compaignie de cinquante lances des ordonnances du roy, reduicte à trente, estant soubz la charge et conduicte du sieur Fabien de Montluc, sieur de Montesquiou, confessons avoir eu et receu comptant de maistre Estienne de Bray, conseiller du roy et trésorier de l'ordinaire des guerres, par les mains de Benigne le Menestrier, paieur de compaignye de la gendarmerie et commis au paiement de la susdite pour le quartier de janvier, février, mars mil cinq cent soixante-treize derrenier passé, la somme de six vingts dix-sept livres dix solz tournois en testons à douze solz six deniers pièce, à nous ordonnée pour notredit estat de mareschal des logis et place d'homme d'armes de ladite compaignye, pour ledit quartier de janvier, février et mars derrenier passé, et suivant l'ordonnance de monseigneur le duc d'Anjou, frère du roy et son lieutenant-général representant sa personne par tous ses royaumes et pais de son obéissance cy attachée, de laquelle somme de six vingts dix-sept livres dix sols tournois nous sommes contans bien paiés et satisfait, et en avons quicté et quictons le roy nostredit seigneur, ledit trésorier ordinaire des guerres susdit et tous autres ; en tesmoing de quoy nous avons signé la présente de nostre main et à icelle apposé le scel de noz armes, au village d'*Angolyn près La Rochelle*, le camp y estant, et ou la monstre de ladite compaignye a esté faicte pour ledit quartier de janvier, le 14ᵉ jour d'avril mil cinq cent soixante-treize.

Signé B. de Montesquieu.

(Scellé comme ci-dessus.)

L, page 205.

EXTRAIT DE LA GAZETTE DES TRIBUNAUX. — 1783.
N° 31.

GRAND'CHAMBRE.

Cause entre MM. de Montesquiou, défendus par M. Treilhard, et les sieurs de la Boulbène, défendus par MM. Polverel, de la Malle et Henry.

USURPATION DE NOM.

Cette cause a fait la plus grande sensation, tant aux requêtes du palais qu'en la grand'chambre ; elle a attiré dans ces tribunaux un concours prodigieux de citoyens de tous les ordres. L'opinion publique a paru d'abord partagée ; mais, à mesure que le défenseur du marquis de Montesquiou (M. Treilhard) a développé ses moyens, les doutes se sont dissipés, et une seule voix a semblé préparer l'arrêt dont nous allons annoncer les dispositions.

La maison de Montesquiou est une des plus anciennes du royaume. Elle est aujourd'hui divisée en plusieurs branches, qui toutes étaient réunies dans la cause pour écarter une famille qui, à la faveur d'une alliance avec une fille du nom de Montesquiou Saintrailles, avait d'abord ajouté à son nom celui de Montesquiou, et qui, armée de quelques actes de mariage, baptême et sépulture, voulait hautement se faire reconnaître.

Ces prétendants au nom de Montesquiou étaient les sieurs de la Boulbene, originaires d'Agen. Pour plus grande clarté, nous allons rapporter ici leur généalogie, telle qu'elle est imprimée dans le mémoire de M. Treilhard pour la maison de Montesquiou.

Jean de la Boulbene, premier du nom, fils de Bernard de la Boulbene, bourgeois d'Agen, et de Françoise Éesprats, sa femme, épousa, en 1603, Jacqueline Lacheze. Il était propriétaire d'une maison sise à Agen dans la rue du Saumon, du fief de Gaillardet, de la métairie de Gaussens, et de quelques vignes situées au lieu dit Tousteral.

Jean de la Boulbene, second du nom, fils de Jean de la Boulbene et de Jacqueline Lacheze, épousa, en 1643, Jeanne de Montesquiou-Saintrailles. Son père lui donna, dans son contrat de mariage, la métairie de Gaussens et les vignes de Tousteral ; Jeanne de Montesquiou devint veuve en 1653, et épousa en 1655, en secondes noces, le sieur Delas de Lamothe.

Jean de la Boulbene, troisième du nom, fils de Jean de la Boulbene et de Jeanne de Montesquiou-Saintrailles, épousa au mois d'août 1667 Anne de Mélet. Il prend dans des actes la qualité de sieur de Gaillardet. Il passe des baux de la métairie de Gaussens, des vignes de Tousteral et de la maison rue du Saumon. Anne de Mélet, sa femme, devenue veuve en 1682, épousa en 1685, en secondes noces, le sieur Darbieu de Pompas.

François de la Boulbene, fils de Jean de la Boulbene et d'Anne de Melet, épousa en 1697 Anne de Campmartin. Les sieurs de la Boulbene le reconnaissent pour leur grand-père ; c'est lui, dit-on, qui le le premier a ajouté dans quelques occasions à son nom celui de Montesquiou, et a déclaré néanmoins dans plusieurs actes que son père et tous ses aïeux paternels étaient la Boulbene. Il vendit en 1693 les vignes de Tousteral ; il aliéna en 1698 la métairie de Gaussens, et jouit pendant sa vie de la maison de la rue du Saumon, et du fief ou domaine du Gaillardet.

Joseph de la Boulbene, fils du précédent, épousa en 1747 Marie-Madeleine de Sainte-Colombe de Tournade. Les sieurs de la Boulbene, parties de la cause, le reconnaissent pour leur père; il était né en 1698. Ce Joseph de la Boulbene était propriétaire de la maison rue du Saumon, et il avait un frère, encore vivant aujourd'hui, qui eut en partage le fief du Gaillardet.

Depuis l'instant où François de la Boulbene, grand-père avoué, a pris le nom de Montesquiou, il a eu soin de le donner à ses enfants dans leurs actes de baptême, dans leurs contrats de mariage et actes de sépulture : de là, la possession que les sieurs de la Boulbene invoquaient, et qu'ils prétendaient tenir de leur père et d'eux-mêmes depuis leur naissance.

Les sieurs de la Boulbene, se disant Montesquiou, étaient plusieurs frères. Le second, qui était abbé, a été nommé à un bénéfice par M. l'évêque de Sarlat, qui était en son nom Montesquiou Poylobon, qui l'avait reconnu pour son parent. On a prétendu que cet abbé de Montesquiou la Boulbene avait conçu le projet de faire son avancement dans l'état ecclésiastique et de le faire faire de même dans le monde à ses frères. Il avait en conséquence obtenu de feu M. l'évêque de Sarlat une lettre de recommandation pour divers membres de la maison de Montesquiou.

L'abbé de la Boulbene s'étant présenté chez le marquis de Montesquiou avec cette lettre, le marquis, qui croyait connaître toutes les branches de sa maison, ignorait cette branche nouvelle ; et, avant de l'avouer pour parent, il lui déclara que son intention était de s'instruire de sa personne, de son état et de sa généalogie.

Les informations instruisirent le marquis de l'existence de la famille des la Boulbene d'Agen, qui, par alliance, descendait par les femmes d'un Montesquiou-Saintrailles, mais n'avait pas le droit d'en porter le nom. Le marquis, disons-nous, offrit à l'abbé ses services sous le nom de la Boulbene, et comme son allié par les femmes, s'il voulait s'en tenir à son véritable nom. On a prétendu que l'abbé de la Boulbene fut d'abord tenté de s'en contenter, et fit même des aveux dans des lettres qui lui ont été rappelées et représentées dans la cause ; mais qu'ayant considéré que, malgré les offres du marquis, il ne pourrait, sous le nom de la Boulbene, suivre aussi rapidement les projets d'avancement qu'il avait en vue pour lui et toute sa famille, alors il manifesta l'intention qu'il avait de porter le nom de Montesquiou et prétendit en avoir le droit.

Voici sur quels moyens il s'est fondé dans la généalogie dont nous avons rendu compte. Les sieurs de la Boulbene n'ont avoué que leurs père et grand-père, morts et enterrés sous le nom de Montesquiou la Boulbene.

La difficulté était de trouver pour leur grand-père, François de la Boulbene Montesquiou, un extrait de baptême qui lui accordât ce nom et le fît descendre d'un Montesquiou. Pour cet effet, ils en ont annoncé un du mois d'avril 1671, où ce François de Montesquiou la Boulbene était dit fils de Jean de Montesquiou la Boulbene et d'Anne de Melet, mariés au mois de mars 1671, selon le contrat de mariage du 11 mars de ladite année.

Ils faisaient descendre ce Jean de Montesquiou la Boulbene, mari d'Anne de Melet, de François de Montesquiou et de Catherine la Boulbene, mariée en 1641, du vouloir et consentement de son père Jean-Jacques de Montesquiou Saintrailles, présent au contrat.

Enfin ce François de Montesquiou, mari de Catherine la Boulbene, ayant, disait-on, reçu, par contrat de mariage, la loi de joindre le nom de la Boulbene à celui de Montesquiou, était fils de Jean-Jacques de Montesquiou-Saintrailles et d'Anne de Montlezun, mariés au mois d'avril 1615.

Cependant MM. de Montesquiou ont soutenu que, dans la réalité, une alliance du bisaïeul des sieurs la Boulbene avec une Jeanne de Montesquiou-Saintrailles était l'unique rapport qu'ils avaient avec leur maison. Les sieurs de la Boulbene prétendaient, de leur côté, que l'alliance de leur bisaïeul avec Catherine la Boulbene, et la loi à lui imposée par mariage de joindre ce nom de la Boulbene au sien, était la seule cause du surnom de la Boulbene qu'ils portent; mais, pour appuyer ce système, il aurait fallu qu'ils se procurassent des actes de baptême, contrats de mariage et actes de sépulture nécessaires à cette liaison de généalogie. Ils ont bien passé sous silence des pièces qui renversent leur système; mais MM. de Montesquiou ont produit des actes authentiques qui, d'une part, ont coupé le nœud de cette généalogie, qui, suivant les sieurs de Boulbene, les unissait aux Montesquiou, et qui, d'autre part, attachait indubitablement leur père et grand-père, avoués par les sieurs la Boulbene, à la famille de la Boulbene.

Et, en effet, MM. de Montesquiou ont soutenu, d'après nombre de titres, que Jean-Jacques de Montesquiou-Saintrailles (tige prétendue) n'avait pas eu d'enfant mâle de son mariage avec Anne de Montlezun; que ce François de Montesquiou, leur fils, n'avait jamais existé; que le contrat de mariage de ce François de Montesquiou avec Catherine de la Boulbene, fait, dit-on, en 1641, du vouloir et consentement de son père, présent au contrat, était un acte informe, puisque le père était mort dès 1638.

MM. de Montesquiou ont aussi prétendu que les père et grand-père des sieurs la Boulbene descendaient de famille la Boulbene dans l'ordre généalogique ci-dessus rapporté ; que des actes de famille, partages, transactions, ventes, passés par lesdits père et grand-père, portaient cette vérité au plus haut degré d'évidence.

Les sieurs de la Boulbene ont cherché à se faire un moyen par des demandes en inscriptions de faux contre des actes, et par celle que MM. de Montesquiou ont aussi formée contre d'autres actes, pour soutenir que le fond de l'affaire ne pouvait être jugé avant l'événement de l'instruction de cette nouvelle procédure, et que néanmoins on ne pouvait porter atteinte à la possession dans laquelle ils étaient du nom de Montesquiou, et qu'ils devaient y être provisoirement maintenus. Mais MM. de Montesquiou ont fait voir que les pièces non arguées de faux étaient suffisantes pour prouver d'une manière évidente la légèreté du système de leurs adversaires, et mettre les juges en état de prononcer définitivement ; ils ont même demandé acte à la cour de ce qu'ils n'entendaient pas se servir des pièces arguées de faux. Les bornes de notre feuille ne nous permettent pas la discussion de tous ces titres ; nous nous contenterons de renvoyer au grand mémoire fait sur l'appel par M. Treilhard, pour les quatre branches de la maison de Montesquiou.

Enfin les sieurs la Boulbene se retranchaient dans des fins de non-recevoir; ils soutenaient le marquis de Montesquiou et consorts non recevables à leur contester le nom de Montesquiou, faute de leur avoir justifié des titres qui prouvassent leur descendance, et ils se sont efforcés de jeter des nuages sur leur origine et leur filiation. Cette partie de la cause a fourni à M. Treilhard des réflexions sur l'inconséquence de la conduite et de la défense des sieurs de la Boulbene. Ils se sont présentés, a-t-il dit, comme Montesquiou, après s'être déclarés d'abord la Boulbene, n'ayant justifié leurs prétentions que par des titres suspects au généalogiste. Le marquis de Montesquiou s'est vu forcé de les attaquer; toute la maison de Montesquiou s'est réunie pour les repousser. Comment ne serait-elle pas recevable? Le marquis de Montesquiou n'a pas de qualité, dit-on. S'il avait qualité pour reconnaître, ne l'a-t-il pas pour contester? Il n'a pas, disaient les sieurs de la Boulbene, communiqué ses titres; mais la possession la plus publique, la plus notoire, tant par lui que par ses aïeux, est le garant le plus sacré de la maison de Montesquiou. Cette assertion est fondée sur les preuves les plus multipliées, faites dans les occasions les plus importantes. Il n'y a pas un dépôt public qui ne l'atteste. C'est sur la possession que repose toute la société. Affaiblir l'autorité de la possession, ce serait ébranler les fondements de la constitution même.

Ce serait, en vain, disait M. Treilhard, que les sieurs de la Boulbene voudraient invoquer ces mêmes principes en faveur de leur prétendue possession; Elle n'est point fondée sur des titres, et les titres rapportés y sont contraires. Cette possession est donc une chimère, et cela de leur propre aveu : en 1777 et 1778 ils ont écrit qu'ils étaient la Boulbene, en 1761 leur père a écrit qu'il était la Boulbene, en 1737 leur grand-père a rassemblé ses titres de la Boulbene; il avait déclaré précédemment dans plusieurs occasions qu'il était la Boulbene, et qu'il n'avait jamais eu d'autres biens que ceux de la Boulbene, que possèdent encore ses petits-fils, parties de la cause. Au surplus, la remise que les sieurs la Boulbene ont faite de leurs titres au ministère public a fait tomber l'objection qu'ils feraient de la fin de non-recevoir contre MM. de Montesquiou. Les sieurs de la Boulbene ont dans le ministère public un légitime contradicteur, et qu'ils ont eux-mêmes constitué juge de leurs titres; d'ailleurs MM. de Montesquiou, en même temps qu'ils ont refusé la communication de leurs titres à des gens qu'ils soutenaient sans qualité pour la demander, les ont soumis à l'inspection de M. l'avocat général.

Cette cause avait été appointée aux requêtes du palais; sur l'appel, elle a été plaidée pendant onze audiences, et nombre de mémoires imprimés de part et d'autre ont instruit le public des détails de cette affaire, que les bornes de notre feuille ne nous permettent pas d'étendre davantage. M. l'avocat général Séguier a, dans une discussion de quatre heures, porté sur cette cause la plus grande lumière, et nous regrettons de ne pouvoir transcrire ici les morceaux saillants du plaidoyer de cet éloquent magistrat.

Enfin, après un délibéré sur-le-champ, le parlement a rendu le 31 juillet 1783 l'arrêt qui suit, et qui est conforme aux conclusions de M. l'avocat général :

La cour, faisant droit sur les appels respectifs des parties, a mis les appellations et ce dont est appel au néant; émendant, évoquant le principal en y faisant droit, reçoit les intervenants parties intervenantes. Faisant droit sur ladite intervention, sur les demandes des parties de Treilhard, ensemble sur les conclusions du procureur général, donne acte auxdites parties de Treilhard de leur déclaration qu'elles n'entendent pas se servir des deux pièces arguées de faux. Sans avoir égard aux fins de non-recevoir proposées par les parties de la Malle, Polverel et Henry, fait défense auxdites parties de prendre à l'avenir les noms et armes des parties de Treilhard, et de se dire directement ou indirectement issus, par mâles, des auteurs desdites parties de Treilhard.

» En conséquence, autorise lesdites parties de Treilhard à faire rayer le nom de Montesquiou de tous registres de baptêmes, mariages et sépultures, et de tous actes dans lesquels lesdites parties de la Malle, Polverel et Henry, auraient pu prendre le nom de Montesquiou, et à faire mention, en marge desdits registres et minutes d'actes, du présent arrêt ; à cet effet tous dépositaires desdits registres et actes, contraints de les représenter ; quoi faisant, déchargés ; donne acte au procureur général des réserves et protestations qu'il fait contre les noms et qualités de Fezensac et baron d'Armagnac, pris par aucunes des parties de Treilhard dans les différentes requêtes signifiées en la cause, toutes défenses au contraire réservées auxdites parties de Treilhard ; ordonne que les mémoires des parties de la Malle, Polverel et Henry, seront et demeureront supprimés ; permet auxdites parties de Treilhard de faire imprimer, afficher le présent arrêt à leurs frais et dépens ; condamne lesdites parties de la Malle, Polverel et Henry, aux dé-

pens des causes principales, d'appels et demandes ;
sur le surplus des demandes, fins et conclusions des
parties, les met hors de Cour. »

MM. de Montesquiou avaient joint à leur nom celui de Fezensac en vertu d'une permission (1) donnée
par le roi sur les preuves de leur descendance des
comtes d'Armagnac fournies à Sa Majesté en 1777.

M. l'avocat général Séguier a rendu compte des titres de la maison de Montesquiou, qui établissent leur
généalogie et descendance directe depuis Raymond-Aimery de Montesquiou, qui vivait dans le onzième
siècle, vers l'an 1091, jusqu'à nos jours. Il a observé

(1 GAZETTE DE FRANCE du vendredi 14 novembre 1777.

Fontainebleau, 21 novembre.

« Le marquis de Montesquiou ayant supplié le roi de lui permettre, ainsi qu'à tous ceux de sa famille, de joindre à son nom celui de FEZENZAC, comme le nom véritable et originaire de sa Maison, Sa Majesté, après s'être fait rendre compte des titres par lesquels le marquis de Montesquiou prouve sa descendance d'Aimery, comte de Fezensac, en 1000, en a reconnu l'authenticité, et a bien voulu permettre en conséquence à tous ceux de la Maison de Montesquiou, de joindre à ce nom celui de Fezensac, et à l'aîné de s'appeler le COMTE DE FEZENSAC. »

que la permission de porter le nom de Fezensac n'avait été donnée que par une lettre du ministre, écrite de l'ordre du roi, au marquis de Montesquiou, et qu'il n'y avait pas eu de lettres-patentes adressées au parlement : le magistrat a, en conséquence proposé les réserves adoptées par l'arrêt. Il est évident que ces réserves n'interdisent point aux membres de la maison Montesquiou la faculté de porter le nom de Fezensac, et ne donnent aucune atteinte à leurs droits légitimes.

On nous a assuré que l'arrêt avait été rendu d'une voix unanime. Cette affaire rappelle naturellement celle du marquis de Créquy, dont nous avons parlé dans nos feuilles. D'après ces deux causes, que le même défenseur a terminées d'une manière si satisfaisante, il y a lieu de croire que de long-temps il ne s'en présentera de semblables.

Procureurs des parties, M⁰ Bourgeois, pour MM. de Montesquiou; M⁰ Pepin, pour les sieurs de la Boulbene.

Page 216.

Les documents qui ont servi à la composition de cette Histoire se trouvent dans *l'Art de vérifier les* dates; l'*Histoire des grands-officiers de la couronne;* l'*Histoire de Béarn*, de Marca; l'*Histoire de Charlemagne*, de Gaillard; l'*Histoire de France*, de Vély; le *Dictionnaire* de Moreri; le *Notitia Vasconiæ*, d'Oienhart; la Généalogie de la Maison de Montesquiou, imprimée en 1784, et le dépôt des manuscrits à la bibliothèque du Roi.

FIN.

www.ingramcontent.com/pod-product-compliance
Lightning Source LLC
Chambersburg PA
CBHW070540160426
43199CB00014B/2306